Susann Sitzler

FREUNDINNEN

Was Frauen einander
bedeuten

Klett-Cotta

Klett-Cotta
www.klett-cotta.de
© 2017 by J. G. Cotta'sche Buchhandlung
Nachfolger GmbH, gegr. 1659, Stuttgart
Alle Rechte vorbehalten
Printed in Germany
Cover: ANZINGER UND RASP Kommunikation GmbH, München
unter Verwendung einer Illustration von Olimpia Zagnoli
Gesetzt von Fotosatz Amann, Memmingen
Gedruckt und gebunden von Friedrich Pustet GmbH & Co. KG,
Regensburg
ISBN 978-3-608-98067-7

Bibliografische Information der Deutschen Nationalbibliothek
Die Deutsche Nationalbibliothek verzeichnet diese Publikation in der
Deutschen Nationalbibliografie; detaillierte bibliografische
Daten sind im Internet über http://dnb.d-nb.de abrufbar.

Wenn ich mir die Frauen angucke, von denen ich umgeben bin, würde ich sagen: Ihre größte kommunikative Fähigkeit besteht darin, Gemeinschaft herzustellen, in der Widersprüche ertragen werden.

Michalis Pantelouris

INHALT

Lea – Prolog

Teil Eins
Die Geschichte der Besten

1 Macht – 23
2 Yvette – 27
3 Kummer – 31
4 Zeit – 35
5 Risiko – 40
6 Ranking – 45
7 Ballsaal des Lebens – 49
8 Konkurrenz – 53
9 Ähnlichkeit – 58
10 Körper – 62
11 Balance – 67
12 Schmerz – 71

Teil Zwei
Lektionen in Freundschaft

1 Flucht – 79
2 Glas – 83
3 Wurzel – 87

4   Themen – 91
5   Abrupt – 96
6   Verwitterung – 100
7   Abenteuer – 104
8   Latex – 108
9   Hausrat – 112
10 Schulterschluss – 116
11 Sex – 119
12 Wert – 124

Lea: Pause

Teil Drei
Bildnisse der Freundin

1   Normen – 139
2   Pfurri – 143
3   Schaden – 147
4   Hell on High Heels – 151
5   Ausdünnen – 155
6   Mob – 159
7   Schwestern – 164
8   Strauß – 168
9   Räume – 172
10 Sally und Harry – 176
11 Porno – 181
12 Kaffee – 186

Teil Vier
Freundschaft selbst

1. Witwen – 193
2. Bälle – 197
3. Übergang – 201
4. Ideal – 205
5. Deshaming – 210
6. Prinzip – 214
7. Glamour – 218
8. Varianten – 222
9. Gleichgewicht – 226
10. Harrys Comeback – 230
11. Es ist was es ist, sagt die Freundschaft – 234
12. Selfie – 238

Lea – Epilog

Literatur – 253

LEA – PROLOG

Die Große Versöhnung hat schon bei Sonnenschein stattgefunden, bei Wind und auch in einem Café unter Neonlicht. Aber gestern, als die Freundschaft zwischen Lea und mir wieder einmal weiterging, hat es übel geregnet.

Die Große Versöhnung mit Lea findet ungefähr alle fünf Jahre statt. Auch der Endgültige Bruch kommt ungefähr alle fünf Jahre. Er liegt immer etwa ein Jahr vor der Großen Versöhnung. So groß ist die Versöhnung eigentlich gar nicht. Wir verabreden uns, widerwillig, zu einem Treffen an irgendeinem neutralen Ort, meist angeregt von Lea; studieren ausführlicher als sonst die Getränkekarte, um noch etwas Zeit zu gewinnen, wählen dann umständlich etwas zu essen, eine Pizza oder Nudeln, um durch das Essen noch mehr Zeit zu gewinnen, und reden dann über etwas Nebensächliches. Irgendwann lenkt Lea das Thema dann entschlossen auf uns und den letzten Zwist, der zum Bruch führte und an dem aus ihrer Sicht ich die Hauptschuld trage. Ich weiß, dass ihr Blut zu sieden beginnt, wenn sie diesen Satz liest. Sie wird ihn wohl lesen, ich wünsche es mir. Ich wünsche mir bei vielen meiner Sätze, dass sie sie liest, auch wenn ich weiß, dass die meisten meiner Sätze, in denen sie vorkommt, sie wütend machen. Sie sagt, warum sie mein Verhalten nicht tolerierbar fand, und ich sage, dass es mir von Herzen leid tut und dass ich sie nicht verletzen wollte. Und das ist immer wahr. Irgendwie.

Höchstwahrscheinlich ist ein Verhalten von mir tatsächlich nicht tolerierbar, ganz sicher tut es mir von Herzen leid, wenn ich sie verletzt habe, und ziemlich sicher wollte ich das nicht, nicht so sehr. Und fast sicher fühlt sie sich missverstanden, wenn ich den Anlass für unser Missverständnis aus meiner Sicht schildere. Wir verstehen uns oft falsch, und immer dann, wenn ich mir nicht besondere Mühe gebe, mich ihr verständlich zu machen, ohne Spielraum für Interpretation. Auch dadurch hat sie mich in dem, was ich tue, besser gemacht. Dass es wieder auf den Endgültigen Bruch zugeht, erkenne ich stets daran, dass auch die eindeutigsten Worte, die aufrichtigsten Formulierungen, die sehnlichsten Anmerkungen nicht verhindern, dass Lea das, was ich sagen will, falsch versteht. Beim letzten Mal waren es bloß drei, vier Sätze in einem Telefonat und der Umstand, dass ich sie nicht zu einer Veranstaltung begleiten wollte.

Dann stochern wir beide, im Essen und in unseren Gefühlen, um die größten Schäden zu beheben. Früher habe ich mich meistens mehr als nötig gerechtfertigt, für Fehler in Wort und Tat, die ich eigentlich nicht einsah. Für Missverständnisse, die für mich eigentlich keine waren. Für Dinge, die ich gesagt und gefühlt hatte, und für die ich mich im

Grunde nicht rechtfertigen wollte. Ich habe mich gegenüber Lea oft gerechtfertigt, von Anfang an. Früher habe ich Leas Vorwürfe, die sie immer als harmlose Fragen aufbringt, aufgenommen und versucht, mich für jeden einzelnen zu erklären, jede Handlung, die sie missverstanden hatte, für sie ins richtige Licht zu rücken und ihr damit die Feindseligkeit zu nehmen, die sich wie eine schwarz wimmelnde Hecke vor ihre so angenehme Gestalt geschoben hatte. Gestern nahm ich die vorwurfsvollen Fragen einfach hin, grübelte nicht mehr über Details und entschuldigte mich bei ihr pauschal für all den Schmerz, ohne Erklärung. Zum ersten Mal fühlte ich wirklich den Wunsch nach Entschuldigung. Zum ersten Mal wollte ich wirklich, dass sie mir vergibt. Nicht, dass sie jede Verästelung meines Handelns nachvollzieht und gutheißt. Einfach nur, dass sie mir glaubt, dass ich nichts Böses wollte und, vor allem, dass sie mir glaubt, dass ich ihr nicht wehtun wollte. Dass sie mir zugesteht, dass ich anders bin als sie, anders denke, anders fühle und manchmal, wenn ich keine Kraft habe, auch nicht mehr jedes Wort so formulieren kann, dass sie es in meinem Sinn aufnimmt. Und dass ich beim besten Willen nicht zu dieser Veranstaltung gehen wollte. Seit der dritten oder vierten Großen Versöhnung kommen mir die Inhalte unserer Streits auch gar nicht mehr so wichtig vor. Wir verstehen uns falsch. Wir können nicht mehr.

»Ich habe dich total vermisst«, sagt Lea und verfüttert den Rest ihrer Nudelsauce an den Mops, der zu ihren Füßen liegt. Seit etwas mehr als einem Jahr hat Lea einen Mops. Sie nahm ihn auf kurz vor unserem letzten Endgültigen

Bruch. Ich konnte erst nicht glauben, dass sie sich für einen Mops entschieden hatte. Ein Schäferhund oder ein Retriever, das hätte gepasst. Sie kennt sich, anders als ich, mit Hunden aus. Aber der Mops wurde einfach zur Tatsache und ich habe mich gehütet, jemals ein Wort über ihn zu sagen außer »Er hat ja vier Beine« und »Schau mal, wie er sich freut«. Ich habe dich total vermisst. Sie sagt es nicht zart, sondern als Vorwurf. Sie hat mich vermisst. Durch mein Fehlverhalten, durch den Bruch, der darauf folgte, bin ich zuständig, dass sie mich auch noch vermisst hat. Dass sie ein Jahr lang ihre Gedanken und viele ihrer Zweifel nicht mit mir teilen konnte. Sie hat mich vermisst. Das hat sie vorher noch nie gesagt.

Bei all unseren letzten Brüchen hätte mich der Doppelsinn dieser Worte schon wieder auf Abstand gehen lassen. Ich wäre auf sie zugegangen, aber den Satz hätte ich in meinen Munitionskeller eingelagert und vermutet, dass er mir irgendwann Dienste tun könnte. Irgendwann, wenn die Missverständnisse wieder anfangen würden und sie immer öfter unzufrieden mit mir wäre, würde ich anfangen, von mir selbst fast unbemerkt, mit meinen Worten an uns zu rütteln, bis die Risse sich einmal mehr weiten. Zu wissen, dass sie mich vermissen wird, hätte mir wohl den Mut dazu gegeben. Ich hätte wohl auf den Bruch zugehalten, wieder auf den Endgültigen, damit diese zerdehnten, in Anteilnahme und Sachgespräche eingewickelten Kämpfe endlich ein Ende nehmen, die Uneindeutigkeiten und zwischen ihren Zeilen die immer unerträglichere Unzufriedenheit mit mir.

Diesmal ist es anders. Mit ihrem Satz erreicht Lea wirklich

mein Herz. Der Munitionsraum bleibt zu. Sie gibt mir die Schuld, weil sie in diesem Moment nicht anders kann. Sie hat mich vermisst. Sie findet, ich bin schuld. Und ich rechtfertige mich dafür nicht. Im Laufe des Jahres, seit dem letzten Endgültigen Bruch, ist nicht nur die Freundschaft mit Lea angehalten worden, sondern mein ganzes Leben. Ein paarmal habe ich, nur kurz, beim Duschen oder Zähneputzen, erstaunt registriert, wie wenig ich Lea vermisse. Ich spürte keinen Groll mehr gegen sie, die Erinnerung an die Freundschaft war intakt, aber ich vermisste sie nicht. Es erschien mir eher, als hätte ich etwas Gewichtiges abgelegt, etwas, das vorwärts zu bewegen ich keine Kraft mehr hatte. In unserer Beziehung gab immer Lea den Ton an, auch wenn sie das natürlich von sich weisen würde. Lea ist älter als ich, ein ganzes Stück, auch wenn sie viel mädchenhafter wirkt, viel zarter. Aber sie hat eine Schwester, sie weiß, wie man bei einer Frau das Kommando hält, sogar unter Qualen. Ich bin als jüngere Schwester geboren, und viele Jahrzehnte lang wäre es mir gar nie in den Sinn gekommen, die Autorität einer Älteren in Frage zu stellen oder auch nur zu zweifeln, ob ihr diese Autorität angenehm ist, ob sie den Ton überhaupt immer führen will. In all den Jahren, in denen ich immer versuchte, es Lea recht zu machen, war für mich existentiell, dass sie mit mir zufrieden ist. Davon wusste sie nichts, und vielleicht hätte sie es auch nicht gewollt. Aber sie hat mich nie anders gekannt. Vielleicht war sie darum immer so erstaunt und erbost, wenn es mir einmal nicht gelang oder wenn etwas in mir, ohne dass ich es wahrnahm, langsam aufsässig wurde und gegen sie rebellierte, bis wir wieder auf einen Endgültigen Bruch zusteuerten.

In diesem Zwischenjahr habe ich viel am Weg zurückgelassen. Ich habe das Ende einer Liebe erlebt, mein Dasein als kleine Schwester revidiert, habe meinen Beruf gewechselt und irgendwann angefangen, mich selbst fast nicht mehr zu erkennen. Ich kann nicht sagen, ob das gut oder schlecht war. Ich kann nur sagen, dass es nötig war. Es ist immer noch nicht vorbei. Das Gebäude meines Lebens ist zusammengebrochen, aus vielerlei Gründen, dabei stürzte, mit allen anderen Wänden, auch die Freundschaft zu Lea um. Jetzt, wo die Staubwolke sich wieder legt, stelle ich fest, dass ich Luft bekomme. In manchen Momenten erscheint sie mir klarer als je zuvor.

Ein wenig hatte ich ihr während der Nudeln in dürren Worten erzählt, wie mein letztes Jahr verlaufen war. Davon hatte sie kaum etwas mitbekommen, sie war erschrocken und erstaunt. Auch bei ihr hatte es ein paar Scherben gegeben, aber das meiste stand noch wie zuvor, und der Mops hatte ein sicheres Heim. Während ich berichtete und mir Tränen über die Wangen liefen, die wir beide nicht beachteten, änderte sich etwas zwischen uns. Eine unsichtbare Wand zwischen Lea und mir schob sich wie die Schiebetür in einem Filmraumschiff zur Seite. Erst, als wir schon mit dem Mops spazierten, fühlte ich den Unterschied. Die Wand ist mir ein Leben lang selbstverständlich, ich nehme sie kaum wahr, weil sie immer da ist, wenn Menschen in der Nähe sind.

Als die Wand auf einmal weg war, sah ich, dass Lea für

mich keine Gefahr mehr darstellt. Meine Freundin stellt keine Gefahr mehr für mich dar. Ich brauche sie nicht mehr so sehr. Ich bin freiwillig bei ihr. Unsere ganze Freundschaft ist freiwillig geworden dadurch, dass ich sie nicht mehr brauche. Seither merke ich, dass ich Lea auch ertrage, wenn es nicht gut läuft mit uns. Dass sie einfach da ist oder nicht da ist, und ich auch, und dass rätselhafterweise gerade darin ein Trost und eine Zuversicht zu stecken scheinen, die ich bisher in der Gegenwart einer Freundin nie empfunden habe. Nach dieser Großen Versöhnung, die gerade erst begonnen hat, weiß ich, dass die Tür zwischen uns in Zukunft offen bleiben kann. Dass nicht mehr die künstliche Wand, der große Bruch, notwendig ist, um wieder ein bisschen Raum für sich zu finden. Dass der Raum zwischen uns offen bleiben kann und wir uns selbständig zurückziehen dürfen, wann immer wir wollen. Vielleicht dann nicht mehr immer für ein Jahr, vielleicht auch nur für ein paar Tage oder Wochen.

Noch ist die Große Versöhnung nicht ganz vollzogen. Wir haben uns erst einmal wieder gesehen, nach den Nudeln und der Pizza sind wir durch einen Wald spaziert und der Mops hat zutraulich an meiner Hand geschnuppert. Ich habe es Lea auf diesem Spaziergang nicht recht machen wollen. Uns beiden war klar, dass mir dazu jede Kraft fehlt. Lea schien erschrocken, als sie mich sah, mit Tränen in den Augen. In der frischen, neuen, noch kalten Luft, die mich umgibt, bemerkte ich auf einmal, wie gut ich Lea immer noch kenne und wie sehr ich sie eigentlich mag. Wie brüchig sie ist, aber auch wie zäh und unerbittlich klug. Wie sehr ihre Widersprüche mir erlauben, zu meinen eigenen Widersprüchen zu finden. Ich habe den Einsturz meines Lebensgebäudes fürs Erste überstanden. Jetzt können mir auch Leas Enttäuschung und ihr Zorn nichts mehr anhaben, und das gab mir an diesem Nachmittag eine Leichtigkeit, die mich selbst erstaunte. Lea war über meine fehlenden Worte offenbar nicht wütend. Sie scheint von mir im Moment nicht zu erwarten, dass ich mich ihr in aller Deutlichkeit erkläre. Hat sie es womöglich nie erwartet, war es nur meine Vorstellung von mir? Das habe ich noch nicht herausgefunden.

»Ich lerne zu sehen, dass sich Freundschaft auch daran misst, dass man weitermacht«, habe ich ihr jetzt geschrieben. So einen Satz hätte ich ihr früher nie gegönnt, ich hätte es auch nicht gewagt, ihn ihr zu schreiben, weil ich weiß, wie viel Missverständnis darin liegen kann, wie viel Möglichkeit zur fehlerhaften Interpretation, jedenfalls für Lea, wenn er von mir kommt. Doch diesmal ist er richtig und die einzige Bedeutung, die ich ihm geben will, steht offen da. Auch das ist neu für mich, bei ihr. Seit ich das Bedürfnis verlor, mich vor Lea zu rechtfertigen, hat sich mein Herz für sie geweitet. Ich bin ganz anders als sie, und sie ist ganz anders als ich. Ungefähr die Hälfte unserer Sätze verstehen wir falsch oder finden darin Sprengstoff, wenn wir wieder anfangen, danach zu suchen. Aber die andere Hälfte gilt für uns beide. Wir verstehen unsere Worte sofort, und es sind Sätze, die ich mit niemand anderem als Lea finden und aussprechen kann. Gedanken, die niemand anderes als Lea aufnehmen und auf eine Weise weiterführen kann, dass sie mir oft noch Jahre später den Weg weisen.

Ich weiß noch nicht, wie sich das neue Kapitel der Freundschaft zwischen Lea und mir entwickelt. Vorhin hat sie geschrieben, dass wir zusammen eine neue Bar besuchen sollen und dass sie sich darauf freut. Auch mir geht es so. Ich freue mich darauf. Ich freue mich darauf, sie zu sehen und zu hören, wie es ihr ergangen ist in diesem Jahr. Ich freue mich auf ihre Zweifel und ihre Unberechenbarkeit, die Wut, die sie manchmal bekommt, wenn etwas anders ist, als sie es erwartet hat. Lea ist meine älteste Freundin in dieser Stadt, ich lernte sie wenige Wochen, nachdem ich hierher gezogen war, kennen, und sie hat mir nicht nur den Weg zu meinem Beruf, sondern den Weg zu meiner eigenen Sprache ein Stück geebnet. Gestern, als wir uns wieder einmal versöhnten, hat es geregnet und der Wind war noch kühl. Doch schon heute weckte mich das bebende Mosaik der Blätter, die vor meinem Fenster im Sonnenlicht flirrten. Es ist wieder einmal Frühling geworden. Die Jahreszeit, in der Lea und ich Geburtstag haben, beide am selben Tag.

TEIL EINS

DIE GESCHICHTE DER BESTEN

1
MACHT

Ich ordne die Passfotos. Mit 14, 15, 16 Jahren habe ich sie eine Weile fast täglich in einer altmodischen, klobigen Fotokabine gemacht. Die Kabine stand auf dem Weg in die Innenstadt an einer lauten Straßenkreuzung. Für eine kleine Münze blitzte das Gerät viermal, und wenige Minuten später konnte man einen säuerlich riechenden Streifen aus dickem Papier aus einem Schacht an der Außenseite der Kabine ziehen. Da saß längst die Nächste auf dem herauf- und herunterschraubbaren Drehhocker und guckte mit dem Gesichtsausdruck, der ihr gerade am attraktivsten erschien, in die spiegelnde Glasscheibe. Zusammengerechnet müssen es Tage sein, die ich mit meinen Freundinnen in dieser Kabine verbrachte. Manchmal quetschten wir uns zu mehreren hinein und die Fotos zeigten muntere Grimassen, alberne Gesten und manchmal auch abgeschnittene Münder und Ohren. Manchmal auch zwei oder mehr ernsthafte, glatte Gesichter, die gesetzt und geheimnisvoll in eine unbestimmte Ferne gucken. Der fahle Blitz und die jungen Jahre ließen uns auf diesen Bildern fast immer vorteilhaft aussehen, blühend und prall und voller Zuversicht. In meinem Schrank stapeln sich ganze Schuhkartons mit solchen Bildern. Bei jedem Foto versuche ich mich zu erinnern, wie mein Leben damals war. Was beschäftigte mich, als ich diese merkwürdige Krausendauerwelle hatte? Diese seltsame Rüschenbluse trug, von der ich noch weiß, dass sie die Farbe eines angetrockneten Himbeerjoghurts hatte? Woran dachte ich, als das Tuch mit den aufgedruckten Totenköpfen meine Haare straff aus der blassgepuderten Stirn zog? Doch als Erstes kommt bei so gut wie jedem Foto eine andere Frage: Wer war damals meine beste Freundin, wer stand draußen an der Kabine und wartete auf die Bilder? War es noch Louisa? Oder schon Odille? Oder war es dieser eine Nachmittag, als ich mit Vivian unterwegs war, bevor ich merkte, dass wir einander viel zu schnell auf die Nerven gingen? Lange dachte ich, dass in den Kapitelüberschriften meines Lebens wohl Männernamen zu stehen hätten. Aber das erweist sich jetzt, wo ich darüber nachdenke, als Irrtum. Der Zeitstrahl meines Lebens ist durch Freundschaften zu Frauen unterteilt. Nicht immer nur zu einer, bestimmte Beziehungen überlagern sich. Auch waren die Hauptrollen meist an Männer vergeben. Aber immer war es eine Zäsur, wenn die Beziehung zu einer Freundin endete. Ein Einschnitt, dem meist eine große innere Veränderung vorangegangen war.

Freundschaft bedeutet »eine freiwillige, persönliche Beziehung, die auf gegenseitiger Sympathie, Vertrauen und

Unterstützung beruht, nicht aber auf Verwandtschaft oder einem sexuellen Verhältnis«, hieß es 2013 im deutschen Wissenschaftsmagazin *Spektrum* in einem Artikel mit dem Titel »Die Gesetze der Freundschaft«. Es stand darin auch, dass die Wissenschaft sich immer noch nicht auf eine verbindliche Definition einigen könne. Ungefähr seit den 1980er Jahren steht Freundschaft verstärkt im Fokus vor allem der Sozialpsychologie. Ganze Abhandlungen wurden allein über die exakte Abgrenzung zu anderen Bindungsformen wie Liebe oder Kameradschaft verfasst. 76 Prozent der Deutschen definieren Freundschaft in erster Linie über »Verlässlichkeit, Rat, Ehrlichkeit, Offenheit und Trost«. Das hat eine bevölkerungsrepräsentative Studie mit dem Titel »Freunde fürs Leben« 2014 ergeben. Das Institut für Demoskopie Allensbach hatte eine Auswahl von 1648 Menschen nach ihrer Einstellung zum Thema befragt. 75 Prozent der Befragten glauben uneingeschränkt an eine »Freundschaft fürs Leben«. Doch schon in der Gestaltung von Freundschaft ergeben sich große Unterschiede, etwa zwischen Männern und Frauen. »Wenn wir zusammen sind, wird viel und ausgiebig geredet«, gaben 80 Prozent der befragten Frauen, aber nur 63 Prozent der Männer zu Protokoll. »Wir stehen uns sehr nahe, wissen praktisch alles voneinander«, sagen 53 Prozent der Frauen, aber nur 38 Prozent der Männer. »Frauen leben Freundschaften anders als Männer«, überschreiben die Demographen diese Resultate. Fünf Jahre zuvor hatte die Nürnberger Gesellschaft für Konsumforschung in einer Umfrage herausgefunden, dass 91 Prozent der befragten Frauen im Leben »eher auf Sex verzichten« könnten als auf ihre beste Freundin. Diese Umfrage war von einem amerikanischen Limonadenhersteller in Auftrag gegeben worden. Die Studie aus Allensbach entstand im Auftrag eines großen Kaffeeproduzenten. Die Resultate aus beiden Untersuchungen wurden anschließend in den Medien breit und optimistisch präsentiert: Frauen scheinen ihre Freundinnen zu lieben. Und die Hersteller von Konsumprodukten scheinen Frauenfreundschaften zu lieben.

Mir machten Freundinnen immer Angst. Ich hatte Angst, dass ich keine finde. Angst, dass ich sie wieder verliere. Später ist die Furcht dazugekommen, selbst eine schlechte Freundin zu sein. Eine, die im Notfall keine Unterstützung verdient, keine Loyalität, weil sie zu wenig für andere da ist, weil sie den Ansprüchen der anderen nicht genügen kann. Die Angst galt nicht den Mädchen, gilt nicht den Frauen, die für Freundschaft in Frage kommen. Sie galt der Macht, die diese Beziehungen haben. Dem Scheitern, das sie bedeuten können. Freundinnen haben einen so großen Einfluss auf das Leben einer Frau. Auf ihr Ansehen, darüber, wie sie von anderen gesehen wird. Darüber, wie sie sich selbst sieht. Wer keine Freundinnen hat, steht weit unten in der Hierarchie und ist angreifbar für alle. Das weiß jede Frau, die je als Mädchen alleine auf dem Schulhof stand. »Beste Freundschaften werden in der Regel in jungen Jahren geschlossen und halten lange«, heißt es in der Freundschaftsstudie aus Allensbach. Konservieren wir damit eine jüngere, vielleicht unbeschwertere Version von uns? Oder erkennen wir erst mit den langjährigen Freundinnen, die mit uns älter werden, dass uns im Lauf des Lebens Veränderung und Entwicklung doch immer wieder gelungen ist, egal, wie schwer sie manchmal fiel?

2
YVETTE

Meine erste Freundin war Yvette. Ich liebte sie wegen ihrer langen, dicken Haare und wegen ihres sonnengebräunten Gesichts mit den feinen, goldenen Härchen. Sie war hübsch, gefasst und immer sehr schön angezogen. Yvette war das, was ich wollte. Das wusste ich, seit ich sie zum ersten Mal sah, mit sieben Jahren, am Tag der Einschulung. Die anderen Mädchen in der Klasse waren für mich ab da fast unsichtbar und völlig uninteressant. Es dauerte allerdings, bis Yvette meine Freundin wurde. Ihre Mutter wählte sogfältig aus, mit wem Yvette spielen durfte. Frau Hillbauer war eine attraktive Frau, die einen viel älteren Mann geheiratet hatte. Sie verstand etwas vom Neid unter Frauen. Und sie wusste um die Bedeutung von Beziehungen. Es sei am besten, Yvette habe nur eine, dafür eine beste Freundin, erklärte sie meiner Mutter an einem Elternabend. Frau Hillbauer organisierte Yvettes Leben ohne Zaudern. Eigentlich war ich schon gleich aus dem Rennen gewesen. Zu zurückhaltend meine Eltern, zu unscheinbar ich selbst. Außerdem war ich schon am ersten Unterrichtstag von der Lehrerin wegen Plapperns vor die Tür geschickt worden. Doch Frau Hillbauer hatte nicht mit meiner Entschlossenheit gerechnet. Und nicht damit, dass ich schon schreiben konnte. Mehrmals pro Woche gab ich Yvette sorgfältig beschriftete Zettel an ihre Mutter mit nach Hause: »Libe Frau Hillbauer, darf Yvette nach der Schuhle zu mir kommen?« Auf diese Weise eroberte ich ihre Mutter. Nach ein paar Wochen gab sie mir Yvette, die sich ohne größere Regung in ihr Schicksal ergab.

Die Zeit mit Yvette war schön. Nach der Schule kam sie mit zu mir nach Hause, wo meine Mutter für uns frischen Eistee und Früchte hinstellte. Wir zeichneten oder blätterten die *Bravo*-Hefte meiner Schwester durch. Manchmal durften wir eine Serie im Fernsehen schauen. Wenn das Wetter schön war, holten wir den Pudel von Yvettes Großmutter ab und spazierten mit ihm zum Stadtrand. Das war allerdings nur Tarnung, denn nach einiger Zeit betrieben wir ein geheimes Detektivbüro. Leider fielen uns aber keine Fälle ein, so dass wir uns nach einer Weile wieder hauptsächlich auf den Hund konzentrierten.

Dass ich Yvette erobert hatte, war mein erster Erfolg im Leben. Ich hütete diese Freundschaft wie einen Schatz. Yvette war meist freundlich und schien mit meinen Vorschlägen einverstanden. In der Schule wurde unsere Verbindung vorbehaltlos akzeptiert. Auch andere Mädchen waren an Yvette interessiert, doch sie hatten keine Chance. Da konnte ich auf ihre Mutter zählen. Sie hatte sich inzwischen mit mir abgefunden. Immerhin grüßte ich freundlich und machte stets meine Hausaufgaben. Außerdem akzeptierte ich kommentarlos, dass man bei Hillbauers zu Hause auf keinen Fall die Teppichfransen im Wohnzimmer durcheinanderbringen durfte. Im Sommer im Freibad lagen mein Handtuch und die Badesachen neben denen der Hillbauers. Im Herbst kam Yvette mit uns in unsere Ferienwohnung in den Bergen. Wenn wir durch das Kaufhaus in der Nähe unserer Schule streiften, kaufte ich ihr manchmal Zopfgummis in Form von dicken Plastikkirschen. Eigentlich hätte ich selbst gerne solche Zopfgummis getragen, aber in meinen feinen Haaren hielten sie nicht. Yvette war die nächstbeste Möglichkeit, die Gummis trotzdem zu haben. Eine Art Erweiterung meiner Möglichkeiten. Yvette war das, was ich wollte. Eigentlich war sie aber vor allem das, was ich sein wollte. Meine erste Freundin war ein Idol, und solange sie in meiner Nähe war, strahlte ein Stück ihres Glanzes, ihrer Haare und auch ihrer Beliebtheit auch auf mich. Ihr Schein schützte mich und an ihrer Seite fühlte ich mich stärker als ohne sie. Tatsächlich konnte ich mir Tage ohne Yvette gar nicht vorstellen. Was ich nicht wusste war, ob sie mich eigentlich auch mochte. Darüber hatte sie nie etwas gesagt. Ich traute auch nicht, sie zu fragen. Ich war damit ausgelastet, sie bei Laune zu halten, damit sie bei mir blieb. Ich wusste noch nicht, dass Gegenseitigkeit für eine Beziehung ziemlich wichtig ist.

Aus der Entwicklungsforschung weiß man, dass Kinder in der Auswahl ihrer Freunde einen Zweck verfolgen. Nicht Selbstlosigkeit und Altruismus formen die Verbindung. Die hehren Ideale prägen, wenn überhaupt, erst reifere Freundschaften. In der Kindheit beginnt Freundschaft mit klaren – und egoistischen – sozialen Interessen. »Kinder spüren sehr bald, dass die eigene Person mithilfe einer Freundschaftsbeziehung an Bedeutung gewinnt«, schreibt die Reutlinger Sozialpädagogin Margarete Blank-Mathieu in einem Aufsatz mit dem Titel »Kinderfreundschaft: Weshalb brauchen Kinder Freunde?«. »Da Kinder in ihrem Alltag die Erfahrung machen, dass sie alleine unbedeutend und klein und auf die Hilfe der Erwachsenen angewiesen sind, suchen sie sich Verbündete, die ihrem Selbstbewusstsein ›auf die Sprünge‹ helfen können«, heißt es weiter. Zusammen mit dem Freund oder der Freundin fühlt sich ein Kind »stärker, durchsetzungsfähiger, kompetenter und ernst genommener«. Darum, empfiehlt die Pädagogin, sollen Erwachsene »ihre Begriffe von Freundschaft nie auf Kinderfreundschaften übertragen«. Kinderfreundschaften seien oft für einzelne Entwicklungsphasen äußerst wichtig; »sind diese abgeschlossen, werden auch die Freundschaftsbeziehungen unwichtig«.

Auch über die Kindheit hinaus habe ich immer wieder Freundinnen wie Yvette gesucht, deren Glanz auf mich strahlte und die es zu erobern galt. Mädchen, bei denen ich mich anstrengen musste, um gegen die Konkurrenz der anderen Mädchen standzuhalten. Mädchen aber auch, die mich davor schützten, eine Außenseiterin zu sein. Mädchen, die mich davor bewahrten, mir selbst nicht zu genügen. Durch die Freundschaft mit ihnen stieg ich in der Rangordnung der Klasse auf. In den ersten Jahren meines Lebens waren Freundinnen harte Arbeit für mich, und nicht jedes dieser Mädchen belohnte meinen Einsatz. Doch um das zu erkennen, mussten noch ziemlich viele Jahre vergehen, und ich musste noch um einige Yvettes bitter weinen.

3
KUMMER

Das Ende mit Yvette war karg und brutal. Meine Eltern ließen sich scheiden und meine Mutter plante mit mir einen Umzug zu ihrem neuen Mann an einen anderen Ort. Nach den Herbstferien würde ich nicht mehr mit Yvette in eine Klasse gehen. Es waren nur noch wenige Wochen. Ich erstarrte vor Kummer. Am Abend vor dem letzten Schultag begann ich, winzige Glasperlen auf zwei Nylonfäden aufzuziehen. Armbändchen für Yvette und mich. Am Morgen fuhren wir mit unserer Lehrerin in einen Vergnügungspark. Im Zug legte ich mir ein Bändchen an und knotete das andere um Yvettes Handgelenk. Während des ganzen Tages war mein Herz schwer. Wir waren übereingekommen, dass wir uns am Ende des Ausflugs, wenn uns die Eltern abholen, nur kurz verabschieden und dann nicht mehr umdrehen würden. Das kam mir am erträglichsten vor. Auf der Rückfahrt im Zug riss mein Bändchen auf und die Glasperlen prasselten auf den Boden des ganzen Abteils. Darin erkannte ich ein entsetzliches Omen. Noch nie in den bisher zehn Jahren meines Lebens hatte ich eine solche Ausweglosigkeit gefühlt. Nach dem Abschied am Abend drehte ich mich nicht mehr um. Weil wir es so verabredet hatten. Und vielleicht auch, das vermute ich heute, um nicht sehen zu müssen, ob auch Yvette sich noch einmal zu mir wendet.

Das Ende einer Freundschaft kann so scheußlich schmerzen wie das Ende einer Liebe. Und doch sind es zwei ganz unterschiedliche Gefühlsbindungen, die wir meist leicht auseinanderhalten können. Sehr viel leichter jedenfalls, als es der Wissenschaft gelingt. »Was unterscheidet eine Freundschafts- von einer Liebesbeziehung?«, fragt der Hagener Psychologe Horst Heidbrink 2009 in einem Aufsatz mit dem Titel »Definitionen und Konzepte der Freundschaft«. »Die Freundschaftsforschung ist dieser Frage bislang meist ausgewichen, beispielsweise mithilfe der expliziten Ausklammerung ›offener Sexualität‹ aus dem (wissenschaftlichen) Freundschaftsbegriff«, schreibt er darin. In einer empirischen Untersuchung unter 58 Studierenden kam Heidbrink 1993 zu dem Resultat, »dass die Begriffe Liebe und Freundschaft eine hohe semantische Ähnlichkeit aufweisen«. Er ließ seine Probanden die Begriffe »Freundschaft«, »Liebe«, »Sympathie«, »Zuneigung«, »Anziehung« und »Attraktivität« in einem normierten Bedeutungsraster zueinander in Beziehung setzen. Die höchste Korrelation mit einem Wert von fast 100 Prozent ergab sich dabei zwischen den Begriffen »Sympathie« und »Zuneigung«: Sie sind sowohl für eine Liebesbeziehung als auch für Freundschaft zentral. Am besten lässt sich Liebe von Freundschaft abgrenzen, wenn man davon ausgeht, dass Liebe eine erotische Komponente hat und diese in einer heterosexuellen Norm vorwiegend dem anderen Geschlecht gilt. Während enge Freundschaft ohne sexuelle Anziehung am stärksten Personen des eigenen Geschlechts zugeordnet wird. Die niedrigste Relation in Heidbrinks Untersuchung ergab sich zwischen den Begriffen »Freundschaft« und »Attraktivität«. Für den Wert einer Freundschaft spielt es keine prägende Rolle, ob man den Freund oder die Freundin körperlich anziehend findet. Doch tatsächlich fließen die beiden Bereiche eher ineinander, als dass sie voneinander deutlich abgrenzbar sind. »Ich hatte als Kind nie eine beste Freundin«, sagt meine Kollegin J. »Meine beste Freundin war immer ein Junge.« Ihr bester Freund, der im Haus nebenan wohnte, sei die ganze Kindheit hindurch der wichtigste Vertraute für sie gewesen, sagt J., und sie habe alles mit ihm geteilt. »Bis dann die Pubertät kam und er plötzlich nicht mehr mit mir spielen wollte. Weil die anderen Jungs anfingen, ihn wegen uns auszulachen.« Das habe sie sehr lange nicht verdaut. Und auch wenn sie heute einige sehr gute Freundinnen habe, sei diese Erfahrung prägend geblieben. Auch heute, sagt J., sei wieder ein Mann ihre beste Freundin – »praktischerweise ist es der, den ich auch liebe und geheiratet habe«.

Meine Mutter war erstaunt über die Heftigkeit meiner Trauer um Yvette. Sie war so erstaunt, dass sie nach ein paar Wochen Frau Hillbauer anrief und fragte, ob Yvette mich vielleicht besuchen kommen wolle. Ich würde sie offenbar vermissen. Zu ihrem und meinem Erstaunen stimmte Frau Hillbauer zu. Für das Wochenende, an dem Yvette zu uns kam, überlegte ich mir etwas Besonderes. Wir schlenderten erst ein bisschen am Waldrand entlang, der am neuen Ort ganz nah lag. Dann fuhren wir mit der Bahn in die Stadt. Das dauerte nur 20 Minuten, und ich unternahm diesen Ausflug ohnehin mehrmals pro Woche. In der Stadt streiften wir durch die Warenhäuser und machten einen kurzen Abstecher zu meinem Großvater, der ganz nah von der alten Schule wohnte. Es war fast wie früher. Doch in der Woche drauf kam ein Brief von Yvette. Sie könne nicht mehr meine Freundin sein. Viele Grüße, deine Yvette. Ich weinte, bis ich mich übergeben musste und hörte dann für mehrere Tage auf zu sprechen. Noch einmal rief meine Mutter Frau Hillbauer an. Doch die war nun unerbittlich. Sie habe Yvette zu uns fahren lassen, damit sie ein Wochenende im Grünen verbringen könne. Um in der Stadt unterwegs zu sein, müsse sie nicht zu mir kommen. Außerdem habe Yvette jetzt andere Interessen und auch eine andere Freundin. Mehr als eine lasche Karte war nicht mehr drin. Viele Grüße, dein alter Kumpel Yvi. Ein letztes, brennendes Messer, das mir noch einmal den Atem nahm. Doch ich erholte mich. In meiner neuen Klasse gab es ein Mädchen, das ich auch nett fand. Dora hieß sie, und auch ihre Haare waren lang. Auch bei ihr gab ich mir große Mühe, damit es mit mir schöner und spannender war als mit den anderen Mädchen. Auch bei ihr hatte ich Angst, sie zu verlieren, bevor sie überhaupt richtig meine Freundin war. Aber als es dann soweit war, tat es schon viel weniger weh als bei Yvette.

4
ZEIT

Heute habe ich viele Freundinnen, und ich glaube, dass es gute Freundschaften sind. Ich glaube es, weil viele dieser Beziehungen seit Jahren oder sogar Jahrzehnten halten.

Und es kommen immer noch neue dazu, ohne dass ich darum kämpfen würde. Der Charakter meiner Freundschaften hat sich verändert. Die meisten Freundinnen sehe ich höchstens alle zwei oder drei Wochen, manche viel seltener. Hin und wieder schreiben wir uns Mails, und gelegentlich telefonieren wir am Abend, wenn die Arbeit getan ist, keine Termine im Kalender stehen und die Kinder schlafen oder in Obhut anderer Leute sind. Ganz selten kommt es vor, dass wir wirklich Momente des Alltags teilen. Seit ich nicht mehr Teil eines Paares bin, folge ich manchmal dem Impuls, spontan meine Freundin Olivia anzurufen, um ihr etwas zu erzählen oder sie um Rat zu fragen. Das hätte ich früher seltener getan, obwohl Olivia schon lange meine Freundin ist. Auch sie ruft mich nun manchmal an oder schreibt, um von Zweifeln und Gedanken zu berichten, von denen ihre Familie nicht zu viel wissen soll. Am Anfang habe ich das Telefon oft wieder weggelegt, ohne Olivias Nummer zu wählen. Zu groß erschien mir das Risiko, sie über Gebühr zu beanspruchen. Aber irgendwann, als das Leben über mir zusammenzubrechen schien, war der Bedarf an Freundschaft größer als die Zweifel. Das Risiko hat sich gelohnt. Seit ich es eingegangen bin, ist unsere Freundschaft tiefer und stabiler geworden, und wir sehen uns viel öfter als zuvor. Olivia ist eine großzügige Frau. Auch wenn sie müde ist oder vom Leben erschöpft, findet sie immer ein paar kluge Worte und ein bisschen Zeit, wenn sie hört, dass ich diese Dinge gerade nötig habe. Ich bin nicht Olivias einzige Freundin, und mir käme nie in den Sinn zu fragen, ob ich die beste von ihnen bin. Auch umgekehrt hat diese Frage für mich keine Bedeutung. Durch den alltäglicheren Kontakt ist mit Olivia eine neue, kostbare Beiläufigkeit entstanden. Eine Nähe, die warm, aber nicht eng ist. Der Puls dieser Freundschaft, überhaupt das Vertrauen in die Nähe von Frauen hat sich durch diese neue Erfahrung mit Olivia für mich verändert. Seit ich mich Olivia öffnen kann, machen mir Frauen viel weniger Angst.

Der wichtigste Freundschaftsdienst unter Frauen besteht darin, »für die andere dazusein, obwohl man eigentlich keine Zeit hat«, heißt es 2014 in der Freundschaftsstudie aus Allensbach. Das gaben 57 Prozent der Befragten zu Protokoll. An zweiter Stelle folgt »Die andere ohne Anlass mit einem persönlichen Geschenk zu überraschen« mit 45 Prozent der Angaben. Hilfe bei Krankheit, etwa durch Kochen oder Abnehmen von Erledigungen, geben 41 Prozent als Freundschaftsdienst an, den sie kürzlich erlebt haben. »Die andere zu einer Veranstaltung zu begleiten, obwohl man eigentlich keine Lust dazu hat« und »Bei Problemen in der Partnerschaft beistehen« figurieren jeweils mit Nennung von 39 Prozent der Befragten als Antwort auf die Frage, welche Freundschaftsdienste unter Geschlechtsgenossinnen sie in letzter Zeit erlebt hätten.

Zeit ist eine wichtige Währung in Frauenfreundschaften. Das ist ein großer Unterschied zur Freundschaft zwischen Männern. Darauf hat die Sozialforschung zahlreiche Hinweise gefunden. Männer können sich selten sehen und kaum kommunizieren und trotzdem Freunde sein. Freundinnen hingegen kosten einander Zeit. Frauenfreundschaft sei darum auch ein »großes Organisationsthema und Zeit ist darin ein grundsätzliches Konfliktfeld«. Das sagte die Berliner Soziologin Erika Alleweldt 2015 im *Tagesspiegel* in einem Artikel unter dem Titel »Das Drama ist weiblich«. »Wie viel Zeit hat meine Freundin für mich? Wie oft ruft sie mich an? Wie oft kann oder will sie sich mit mir treffen?« Das seien Kernfragen zwischen Frauen. Die Antworten auf diese Fragen definieren die Bedeutung mit, die man für die andere hat. 2013 hatte Allewelt eine umfangreiche Fallstudie mit dem Titel »Die differenzierten Welten der Frauenfreundschaften« publiziert. Darin vertritt sie die These, dass Frauenfreundschaft in unserer heutigen Gesellschaft mehr und mehr »profanisiert« werden. Anhand von gut dokumentierten historischen Frauenfreundschaften wie etwa zwischen den Schriftstellerinnen Bettina von Arnim und Karoline von Günderrode zur Zeit der deutschen Romantik stellt sie das aus derselben Epoche stammende Ideal der »kreativen Freundschaft« zwischen Frauen vor. Darin falle auf, »dass diese Frauen eine übergreifende Aufgabe als Bestandteil ihrer Freundschaft sahen, eine soziale Verpflichtetheit gegenüber der Freundin und der Freundschaft als Wert an sich, in Form eines Bildungsprozesses, worin sich das Personsein erst formt. In ihren Freundschaften ging es darum, sich einander in der jeweiligen Entwicklung zu steigern und durch die Freundschaft etwas Neues in sich und dem anderen entstehen zu lassen.« Für ihre Studie befragte die Soziologin Gruppen von Verkäuferinnen, Sozialarbeiterinnen und Journalistinnen zu ihrem jeweiligen Freundschaftsverhalten. Danach kommt sie zu einem trüben Schluss: »Die Gemeinsamkeit heutiger Freundschaften scheint sich dagegen im Privaten zu erschöpfen, wo man es sich gegenseitig und miteinander gut gehen lässt, ohne aber dem anderen allzu sehr zur Last fallen zu wollen und zu dürfen.«

»Du kannst glücklich sein, eine so treue Freundin zu haben«, sagte einst die Mutter meiner Schulfreundin Annika zu ihr. Morgens um halb fünf fuhren wir in einem gemieteten Lastwagen in eine andere Stadt, wo Annika ihre erste Studentenwohnung bezog. Annika und ich sahen uns zu dieser Zeit an fast jedem Wochenende, zum Trödelmarkt oder zu Partys, und häufig auch noch unter der Woche für einen Kaffee. Ihr Leben hatte viele Verpflichtungen und sie organisierte ihre Verabredungen penibel. Unzählige ihrer Anrufe müssen über die Jahre auf meinem Anrufbeantworter geblinkt haben. »Wollen wir abmachen?«, mit konkreten Vorschlägen für die nächsten Tage. Annika war eine getriebene Person mit knappem Humor und großem Ehrgeiz. Es gab viele Dinge, die wir gemeinsam mochten, und viele Dinge, in denen wir ganz unterschiedliche Vorlieben hatten. Annika war eine der ersten Freundinnen, bei denen es für mich keine Rolle spielte, dass es in unserem Leben mehr Unterschiede als Gemeinsamkeiten gab. Ich war einfach gerne mit ihr zusammen. Ich mochte ihren Witz und ihre Zuverlässigkeit, und ich wusste, dass unter der Kühle ein warmes Herz schlug. Natürlich war ich zur Stelle, als sie ihren Hausrat frühmorgens in eine andere Stadt schaffen musste. Es erschien mir seltsam und irgendwie unangenehm missgünstig, dass ihre Mutter das überhaupt kommentierenswert fand.

5
RISIKO

»In den frühen Stadien der Freundschaft ist entscheidend, dass die Selbstoffenbarung erwidert wird«, sagt die kanadische Sozialpsychologin Beverley Fehr. Seit den späten 80er Jahren forscht Fehr an der University of Winnipeg über Freundschaft. Selbstoffenbarung, sagt sie, sei der erste Schritt, mit dem die Fremdheit zwischen zwei Menschen überwunden werde. Seit den 1960er Jahren gibt es die sogenannte »Austauschtheorie«, mit der Soziologen die Dynamik von persönlicher Beziehungsbildung in eine Formel zu bringen versuchen. Die Austauschtheorie besagt, dass Menschen eine Beziehung bewusst oder unbewusst danach beurteilen, ob der Ertrag der Verbindung in einem sinnvollen Verhältnis zum Aufwand steht, den sie dafür erbringen. In einem Fachartikel fasst Fehr 1999 die Forschungsergebnisse ihrer Kollegen aus den 1970er Jahren zusammen: »Sie definierten soziale Hingabe als einen umfassenden Zustand, in welchem ein Individuum aufhört, den Nutzen einer Beziehung direkt mit den Ergebnissen zu vergleichen, die in einer alternativen Beziehung erreicht werden könnten.« Man könnte auch sagen: Am Anfang einer verbindlichen Beziehung steht demnach eine Art Wette auf die Zukunft. Man entschließt sich, einem bestimmten Menschen einen relevanten Teil seiner Zeit und Aufmerksamkeit zu widmen – im Vertrauen darauf, dass diese Ressourcen nicht mit jemand anderem lohnender genutzt werden könnten. Man bietet an, gemeinsam auf eine Straße ins Unbekannte einzubiegen. Ohne Ziel, einfach nur, weil man zusammen reisen möchte. Das ist für beide riskant: Wer seine Ressourcen auf diese Weise jemandem widmen will, läuft Gefahr, zurückgewiesen zu werden; oder er investiert sie in eine Person, die einen doch nicht versteht oder irgendwann verrät, langweilt oder wieder verlässt. Die Person, der die Ressourcen gewidmet werden, läuft Gefahr, die Erwartungen der anderen nicht zu erfüllen und wieder aufgegeben zu werden. Doch wenn beide gleichzeitig dasselbe Risiko eingehen, entsteht eine emotionale Augenhöhe. In ihr können beide das Visier öffnen. Wir erleben, welche Zuversicht entstehen kann, wenn wir es wagen, einem anderen Menschen auf Vorrat zu vertrauen. Dieses Vertrauen ist der eigentliche Lohn einer Freundschaft. Einen Sprung zu wagen und nicht zu stürzen. Und die sich im besten Fall stets erneuernde Erfahrung, dass das Risiko gerechtfertigt war.

Annika war nie meine engste Freundin. Aber sie war verlässlich. Mit ihr habe ich gelernt, was Vertrautheit im Alltag bedeuten kann, lange bevor ich mich auf die erste Liebesbeziehung einließ. Annika hatte schon im Gymnasium einen festen Freund, während ich höchstens kurze Schwärmereien erlebte. Vielleicht auch darum war unsere Beziehung nie sehr eng. Für die Wärme hatte sie schon jemand anderen. Annika war eine der ersten Freundinnen, um die ich nicht fieberhaft geworben hatte. Unsere Freundschaft reicherte sich eher an, Woche um Woche, wenn wir uns auf ein Getränk oder zu einer Unternehmung sahen, einander von den alltäglichen Begebenheiten erzählten, von den Freuden und auch den Sorgen. Annika hatte viele Sorgen. Ihre Tante war schwer krank und die Eltern verbrachten sehr viel Zeit bei ihr. Annika war dann für ihren kleinen Bruder zuständig. Wenn die Eltern nach Hause kamen, waren sie erschöpft und erschüttert. Besonders die Mutter war vom Verfall ihrer Lieblingsschwester getroffen und konnte manchmal nach diesen Besuchen für viele Tage nur starr im Bett liegen. Dann kümmerte sich Annika um den Haushalt und sorgte dafür, dass ihr Bruder rechtzeitig zur Schule kam und ihr Vater abends etwas zu essen vor sich hatte. Diese Dinge erfuhr ich beiläufig, aus einem halben Satz hier, einer Bemerkung da. Annika sagte, sie sei um jede Stunde froh, in der sie sich nicht damit beschäftigen müsse. Die eng getakteten Treffen mit Freundinnen waren Zeit, die sie sich erkämpfte, um unbeschwert zu sein. Das spürte ich und fragte nicht nach. Auch wenn mir ihre angespannten Kiefermuskeln natürlich nicht verborgen blieben und auch nicht, dass sie jeden Monat dünner wurde, weil sie irgendwann fast nichts mehr aß. Ich vermutete, dass sie wusste, dass ich es sah. Ganz bestimmt wusste ich, dass sie darüber nicht sprechen wollte. Damals empfand ich es als Freundschaftsdienst, diesen Wunsch zu respektieren. Auch sie erkannte ein paar Dinge bei mir. Und auch sie tat mir den Gefallen, darüber nicht zu reden. Weder mit mir noch mit irgendjemand anderem.

Wovon hängt es ab, ob wir bereit sind, das Risiko der Selbstoffenbarung einzugehen? Ungefähr seit den 1990er Jahren wird diese Frage intensiver untersucht. Eine der ersten Theorien hatte die amerikanische Sozial- und Organisationspsychologin Caryl Rusbult jedoch bereits 1980 mit ihrem »Investmentmodell enger Beziehungen« entwickelt. In mehreren Längsschnittstudien untersuchte sie die Frage, welche Faktoren Menschen das Gefühl geben, in einer engen persönlichen Beziehung auf ihre Kosten zu kommen – und dadurch weitere Mühe in das Gelingen der Verbindung zu investieren. Für eine gute Beziehungsprognose sind nach Rusbults Theorie drei Faktoren ausschlaggebend: Dass wir die Beziehung als lohnend empfinden. Dass wir glauben, keine attraktive Alternative zur Verfügung zu haben. Und dass wir bereits viel in diese Beziehung investiert haben. Man könnte sagen: dass wir auf dieser gemeinsamen Straße schon eine Weile zufrieden fahren und uns nicht fragen, ob wir richtig abgebogen sind.

»Machen wir gemischt?«, habe ihre Tochter mit fünf

Jahren manchmal zu ihrer besten Freundin gesagt, erzählt meine Nachbarin. »Es bedeutete, dass sie nacheinander pinkeln gingen, ohne dazwischen die Toilette zu spülen. Und es war ein großer Freundschaftsbeweis.« Selbstoffenbarung signalisiert die Bereitschaft zur Intimität. Intimität fordert die anhaltende Bereitschaft zur Selbstoffenbarung. Beides kann zu Kummer, Enttäuschung und Schmerz führen. Aber auch zu Glück, Vertrauen und Geborgenheit. Ohne den Mut, diese Risiken auf uns zu nehmen, sind wir nur einzelne Atome in einem leeren Universum. Mit Beziehungen werden wir zu Wesen, die aufeinander wirken können. Die Kraft, die entsteht, wenn wir das Risiko der Selbstoffenbarung eingehen, ist das Geheimnis von Freundschaft. Näher als bis zu ein paar dürren Formeln kommt die Wissenschaft nicht an dieses Geheimnis heran. Doch das ist eigentlich auch nicht nötig. Denn schon ganz kleine Kinder scheinen es von alleine ahnen zu können.

6
RANKING

75 von 100 Frauen gaben in der Studie »Freunde fürs Leben« des Instituts für Demoskopie Allensbach an, eine beste Freundin zu haben. Doch die Definition ist nicht so einfach, wie sie sich anhört. Was macht eine Freundin zur »besten«? Die Anzahl der Stunden, die man pro Jahr miteinander verbringt? Die Anzahl der Tränen, die man voreinander gelacht oder geweint hat? Die Anzahl der Sorgen, die man einander anvertraut? Wie bemisst sich Qualität in einer Freundschaft? Darauf hat die Wissenschaft keine Antwort. Sie stützt sich auf Selbstdeklaration. »Beste Freundin« ist, wer als solche bezeichnet wird.

Meine erste »beste« Freundin war Louisa. Ich lernte sie ungefähr gleichzeitig wie Annika kennen, mit 14. Louisa nervte mich schon bei der ersten Begegnung. Ihr schrilles Lachen, als sie den Malsaal unseres Kunstkurses betrat. Natürlich zu spät, wie sie immer zu spät kam. Damit alle sie sehen konnten. Sie provozierte vom ersten Moment an Abwehr in mir. Und ich hatte vom ersten Moment an

Angst vor ihr. Diese Frau zur Feindin zu haben, das wäre nicht zu ertragen. Dass Louisa spöttisch war und jede Schwäche sofort entdeckte, das merkte ich gleich. Es würde nur eine Frage der Zeit sein, bis sie mich erblickte. Die Musterschülerin der Kunstklasse, die ihre Pinsel stets besonders gründlich reinigte, die immer darauf achtete, dass ihre Skizzen exakt beschriftet waren. Louisa war nie so exakt. Ihre Perspektivlinien wackelten und ihre Bleistiftstriche waren oft verschmiert. Gerne ließ sie ihr T-Shirt über die Schulter rutschen. Sie hatte imposante Brüste und roch nach einem süßen Parfum. Beides war nicht mein Ziel im Leben. Aber Louisa hatte keine Angst davor, Fehler zu machen. Im Gegensatz zu mir. Darum fürchtete ich sie. Darum wusste ich schon in diesem Moment, dass ich sie zu meiner Freundin machen musste.

Sofort suchte ich ihre Nähe. Ich schob mich in ihr Blickfeld, bevor ihr hämischer Blick zufällig auf mich fiel. Ich entwaffnete sie, bevor sie mich sah. In unserer Beziehung würde immer sie die Anführerin sein, das war mir klar. Etwas anderes erwartete ich weder von ihr noch von mir. Aber ich hatte den ersten Zug gemacht, dadurch hatte ich eine gewisse Kontrolle. So blieb es bei uns für viele Jahre. Louisa war die Erste, die anfing, Musik zu hören, die die Eltern nicht gut fanden. Sofort übernahm ich diese Freiheit. Sie war die Erste, die herausfand, wo am Wochenende eine Party war, die wir besuchen konnten. Sie stellte sicher, dass wir eingeladen wurden. Mit Louisa lernte ich auszugehen, zu tanzen, mich so anzuziehen, dass man auf der Party angesprochen wurde. »Aufstylen« nannten wir das. Mit Louisa fing ich an, mir die Haare zu färben und sie wild durcheinander zu frisieren. Irgendwann umrandeten wir uns die Augen dunkel und achteten darauf, in der Öffentlichkeit nicht mehr zu lachen. Ab diesem Zeitpunkt schien Louisa eigentlich immer schlecht gelaunt. Mir war es so trotzdem lieber. Denn seit sie aufgehört hatte, ständig so schrill zu lachen, ging sie mir gleich viel weniger auf die Nerven.

Nie kam ich mir so plump, so ungeschmeidig, so fehl am Platz vor, wie wenn ich mit Louisa unterwegs war und wir von Jungen umringt wurden. Jungen umringten Louisa ständig. Ihre Brüste wirkten wie Honig auf Bienen. Mir war es recht, dass die Jungen dabei nicht so sehr auf meine Brüste schauten. Hin und wieder tat es einer. Vielleicht, weil ihm meine Brüste auch gefielen. Vielleicht auch, weil er damit eine sichere Position in der Nähe von Louisa hatte. Mir war es eigentlich egal. Ich fand die Jungen, die Louisa umringten, fast immer völlig uninteressant. Solange ich mit Louisa befreundet war, interessierte ich mich kaum für Jungen und suchte auch keine, die mir besser gefielen.

Für ein paar Jahre war Louisa der wichtigste Mensch in meinem Leben. Im Innern war sie mir immer fremd. Aber das war die Welt da draußen auch. Im Gegensatz zu mir schien Louisa sich zu trauen, Türen zu öffnen und hindurchzustolzieren. Sie ermöglichte mir, ihr zu folgen, und darum blieb ich bei ihr. Auch ich muss ihr etwas bedeutet haben. Ich war nicht an ihren Brüsten interessiert und fürchtete mich nicht vor ihrer Überdrehtheit. Das unterschied mich von allen Jungen und fast allen Mädchen in unserer Umgebung. Louisa konnte sich auf mich verlassen. Ich ertrug jede ihrer Launen und hörte mir bereitwillig ihre Geschichten an. Und sie konnte sich mir überlegen fühlen. Eigentlich war ich viel verwegener als Louisa. Aber das wussten wir beide damals noch nicht.

»In einer Freundschaft geht es häufig um Machtausübung oder Machtverteilung«, schreibt die Pädagogin Margarete Blank-Mathieu in ihrem Aufsatz über das Entstehen von Kinderfreundschaften. »Nur wenn der andere das tut, was man von ihm verlangt, gilt die Freundschaft. Es kann sein, dass sich Kinder die Freundschaft von anderen ›erkaufen‹, indem sie ihnen Geschenke machen«, heißt es weiter. »Auch im positiven Sinn kann das Ausüben von Macht funktionieren. Freunde können einander durch ihre Begeisterung für eine Sache anstecken, sich gegenseitig dazu bewegen, an etwas teilzunehmen, wozu der andere ursprünglich keine Lust hatte. Dies wird oft nicht unter dem Ausüben von Macht verstanden, fällt aber ebenfalls unter diese Rubrik, wenn der oder die Mächtigere den anderen zu etwas ›überredet‹«. Die Macht des anderen sei für den unterlegenen Teil nicht immer gut, schreibt Blank-Mathieu. Trotzdem könne diese Dynamik stimulierend wirken. Ohnehin übe in einer guten Freundschaft »einmal der eine, ein andermal der andere« mehr Macht aus. Herauszufinden, worin meine Macht besteht, auch das habe ich mit Louisa gelernt. Sogar wenn es keine Kinderfreundschaft mehr war, die uns verband.

7
BALLSAAL DES LEBENS

Mit Louisa betrat ich den Ballsaal des Lebens. Ihre gutmütige Divenhaftigkeit lag auf meinen Schultern wie ein ziemlich weiter Mantel. Ich war ihre Vasallin, und weil ich ihr folgte, behandelte sie mich gut. Zusammen bildeten wir in diesen Jahren auch ein Jagdgeschwader, mein erstes. Dass zwischen Frauen Regeln gelten, wenn sie sich mit amourösen Interessen in das Blickfeld von Männern begeben, ist wissenschaftlich gut erforscht. Es ist auch ein beliebtes Thema unter Männern: die Beobachtung, dass sich eine attraktive Frau in der Öffentlichkeit gerne mit einer Unscheinbareren zeigt. Tatsächlich hat das Klischee eine wissenschaftliche Grundlage. »Zwei Menschen des gleichen Geschlechts, die nebeneinander stehen, erzeugen immer eine Art Kontrast«, sagte der schottische Psychologe und Attraktivitätsforscher Anthony Little von der Stirling University 2009 in einem Interview. »Wenn Ihre Begleitung unattraktiv erscheint, wirken Sie daneben ganz von alleine vergleichsweise gutaussehend.« Doch die Verhältnisse in dieser Dynamik sind nicht in Stein gemeißelt. Ebenso wenig wie die Frage, was genau im Einzelfall als attraktiv gilt. Bereits 2005 hatte Little in einer Studie herausgefunden, dass die Nähe zu attraktiven Begleiterinnen auch auf sehr attraktive Frauen eine Auswirkung hat: »Das Betrachten von Bildern attraktiver Geschlechtsgenossinnen führte bei den Probandinnen zu einer niedrigen Bewertung der eigenen Attraktivität.« Frauen, so scheint es, vergleichen sich ständig und sofort miteinander, ob sie es wollen oder nicht. Und nur in sehr eindeutigen Fällen legen sie den Vergleich nicht zu ihren eigenen Ungunsten aus. Das macht auch die attraktivste Frau verletzbar. Und es verleiht der Unscheinbareren in einem solchen Duo eine nicht zu unterschätzende Macht. Sie stabilisiert die Schöne und gibt ihr Vertrauen in ihre erotische Überlegenheit. Wie so viele Arten der Macht ist auch das allerdings eine, die man als Frau häufig erst viel später im Leben richtig erkennt.

Trotz ihrer gelegentlichen Bissigkeiten und ihrer ständigen, enervierenden Launenwechsel war Louisa eine faire Jägerin. Sie belohnte mich für meine Loyalität, und es kam sogar vor, dass sie auf einen besonders schönen Brocken verzichtete, um ihn mir abzugeben. Als wir 17 waren, verbrachten wir zusammen mit meinen Eltern die Ferien in den Bergen. Am Wochenende hatten wir uns in die einzige Disco am Ort gewagt und waren von zwei jungen Männern angesprochen worden. Diesmal war auch ich in abenteuerlicher Stimmung, und wir quetschten uns kichernd mit ihnen an ein enges Tischchen. Es waren Amerikaner im Skiurlaub, begeistert, dass man hier so problemlos an Alkohol kam und auch minderjährige Mädchen Gin und Tonic ausgeschenkt bekamen. Davon befeuert, zogen Louisa und ich auf die Tanzfläche, in unschuldiger Raffinesse wissend, wie wir tanzen mussten, um die Phantasie der beiden zu entfachen. Wir ließen zu, dass die Amerikaner unsere Hände und dann den Rest immer zielstrebiger zu berühren versuchten. Als die Disco schloss, gingen wir gemeinsam nach draußen. Dass jetzt Knutschen der nächste Programmpunkt war, musste nicht ausgesprochen werden. Zu meinem Erstaunen hängte sich Louisa bei dem unauffälligeren der beiden Männer ein und schickte den größeren, dessen weiche Unterlippe mich an Elvis Presley erinnerte und der schon durch entschlossenes Draufgängertum aufgefallen war, zu mir. Schulterzuckend nahmen die Männer die Aufteilung hin. Eine Weile küssten wir uns im dunklen Eingang der Disco, und jede von uns wehrte entschlossen die immer wildere Zudringlichkeit der Männer ab. Als ich am Ton in Louisas Stimme erkannte, dass ihr »No« nicht mehr kokett war, sondern sie in Panik zu geraten schien, sprang ich ihr sofort bei, bis der Unscheinbarere Zurückhaltung versprach. Eine Weile machten wir noch weiter, dann hatten wir genug. Kichernd verabschiedeten wir uns. Aber nein, auf keinen Fall können sie uns begleiten.

Bald darauf drifteten Louisa und ich auseinander. Das letzte Telefonat liegt Jahre zurück. Und doch wird sie immer eine besondere Rolle in meinem Leben spielen. Mit ihr teile ich die Jahre, in denen man als Mädchen lernt,

Gefahren einzuschätzen und Selbstvertrauen zu entwickeln. Gackernd und ein wenig berauscht stolperten wir an diesem Abend durch den nächtlichen Ort nach Hause. Verbunden durch das Bewusstsein, womöglich einer Gefahr entronnen zu sein, die wir gemeinsam entschlossen abzuwenden wussten und der auszuweichen uns beiden gar nicht in den Sinn gekommen wäre, in diesen unbesiegbaren Jahren. Mit Louisa an der Seite habe ich geschafft, den großen Raum zu betreten, der mein erwachsenes Leben ist. Als beste Freundin hat sie mich mutiger gemacht.

Louisa hat es nie gestört, dass ich noch andere Freundinnen hatte. Auch ich war nicht eifersüchtig, wenn sie zuweilen mit Thea herumzog, deren Eltern mit ihren befreundet waren. Irgendwann tauchte dann auch Valérie auf. Sie hatte dunkle Augen wie Louisa und ebenso wildes Haar. Sie sah aus wie eine verkleinerte Zwillingsschwester. Zu dem Zeitpunkt hatte ich schon Odille kennengelernt und traf sie immer häufiger. In dem Maß, wie ich aus der Freundschaft mit Louisa herauswuchs, glitt Valérie hinein. Irgendwie waren wir beide darüber froh. Es ersparte uns den offiziellen Abschied, von dem wir irgendwann beide wussten, dass er unvermeidlich war.

8
KONKURRENZ

»Manche Frauen haben nur Freundinnen, damit sie die Konkurrenz im Auge behalten können«, meinte neulich eine Kollegin trocken über ihren Cappuccino hinweg. Wir saßen in einem Café und beobachteten die Leute an den anderen Tischen. Nicht weit entfernt saßen zwei sehr gepflegte Frauen etwa Mitte 30. Beide sprachen mit starker Mimik und reagierten mit aufgerissenen Augen auf jede Äußerung der anderen. Dazwischen warfen sie immer wieder routinierte Blicke auf ihre Telefone, die neben den Kaffeetassen lagen. Alle paar Minuten unterbrachen sie ihre Gespräche, um Nachrichten einzutippen. Auf den freien Stühlen hatten sie voluminöse Einkaufstüten aus teuren Geschäften untergebracht. Etwas seltsam Inszeniertes ging von dem Szenario aus. Es wirkte, als ob sie Freundinnen in den besten Jahren spielten. Das Bild einer Frauenfreundschaft. Ein Bild aus einer Fernsehserie. Oder aus dem Werbefernsehen.

Während sich in den 1980er Jahren Reklame im Fernsehen meist direkt an die Zuschauerinnen und Zuschauer richtete und man bis in die 1990er Jahre hinein Frauen vor allem dabei zusah, wie sie etwas mit einem Mann oder der Familie erlebten, gibt es seit kurz vor der Jahrtausendwende immer wieder Spots, in denen man Freundinnen in scheinbar alltäglichen Situationen beobachtet und dabei Werbebotschaften vernimmt. »Du hast dich getrennt?«, fragte 1996 eine schicke Frau ihre Freundin voller Anteilnahme. »Schwer gefallen?« – »Nein«, raunt die andere. »Mit dem Neuen kann ich machen, was ich will.« Dann fahren sie durch einen Herbstwald und man beginnt die Pointe zu ahnen. Sie kommt mit einem schwärmerischen »Ich glaube, ich trenne mich auch« der Ersten: Es geht um eine Automarke. Freundinnen, so lautet die darunterliegende Botschaft, sind die, deren Empfehlung man in jeder Lebenslage trauen kann. Legendär wurde die Werbung, in der sich 2000 eine junge Frau vor dem Spiegel mustert: »Paul findet meinen Busen zu klein. Und meinen Bauch zu dick.« Ihre dabeisitzende Freundin hört sich alles an, nascht die zu bewerbende Diätsalami und fragt schließlich leicht ironisch: »Wer ist eigentlich Paul?« 2013 stopfen junge Frauen einander in einem Spot desselben Herstellers die Brote geradezu in den Mund. »Du darfst genießen«, sagt eine neckische Stimme. Wenn alle mitmachen und die richtige Marke konsumiert wird, so die Nachricht, ist sogar unter den strengen Augen der Freundinnen für einmal keine Mäßigung notwendig. »Wichtig für mich? Na, meine beste Freundin«, sagt eine junge Frau 2013 in einer Reklame. »Ich lieb' sie einfach und ohne sie wär ich nur halb.« Dabei steckt sie sich Schokolade einer bestimmten Marke in den Mund, und es wird bewusst offengelassen, ob sie mit dem letzten Satz die Freundin oder die Süßigkeit meint. Im selben Jahr zeigte die Deutsche Postbank drei junge Frauen, die einander in einem stylischen Café ihre neuen Errungenschaften vorführen. »Marc und ich haben uns eine neue Küche geleistet«, sagt die Erste in beiläufigem Ton. »Wir haben uns ein Cabrio gegönnt!«, jubiliert die Zweite. »Wir … haben uns ein neues Bett gekauft«, erwähnt die Dritte mit vielsagendem Blick und lässt damit die Freundinnen vor Neid verstummen. Beworben wird ein Privatkredit.

Die Dramaturgie dieser Werbungen zielen immer auf die gleiche Dynamik: Frauen vergleichen sich miteinander. Darum hören sie aufeinander. Scheinbar geht es um liebevolle Anteilnahme. Doch gleichzeitig taxieren sie. Und wenn eine etwas hat, das Erfolg verspricht, will es die andere auch. Es ist ein zwiespältiges Bild verdeckter Rivalität. »Frauen konkurrieren gnadenloser, weil ihre Konkurrenz bis heute die ganze Person betrifft«, schrieb die deutsche Publizistin Silvia Bovenschen 1998 in einem Aufsatz. Während die Konkurrenz von Männern vor allem auf Leistung basiere, erstrecke sie sich bei Frauen auch auf »relativ unabänderliche Naturqualitäten« wie »Nase, Beine, Hintern«.

Einen enormen Einfluss auf das neue Interesse an Frauenfreundschaften hatte die amerikanische Fernsehserie »Sex and the City«, die von 1998 bis 2004 ausgestrahlt wurde. Die stilprägende Serie erzählte von vier Freundinnen in New York, die sich regelmäßig treffen, um über ihr Leben mit all seinen Siegen und Niederlagen zu plaudern – und über Männer. Mit pointierten Dialogen, eleganten Schauplätzen und spektakulärer Kleidung prägte »Sex and the City« für viele Zuschauerinnen eine neuartige Phantasie vom Alltag unter Frauen. Alle vier Heldinnen waren attraktiv, sympathisch, gewitzt und beruflich erfolgreich. Doch jede verkörperte einen ganz unterschiedlichen Typ – verträumt, bürgerlich, verwegen, intellektuell – und war entsprechend gestylt. Sie begegneten einander als kritisches, aber meist faires, loyales und liebevolles Gegenüber. Und zwar fast täglich und ohne konkurrierende Verabredungen, krank gewordene Kinder, kaputte Waschmaschinen und emotionale Überforderung. Dafür mit scheinbar unerschöpflichen Vorräten an Geld, Trost, Lebenslust und inspirierenden Outfits. Carrie, Charlotte, Samantha und Miranda weckten mehrere unterschiedliche Sehnsüchte bei den Zuschauerinnen. Zum einen hatten sie füreinander immer Priorität und waren trotz anderer Verpflichtungen ständig verfügbar. Keine scherte aus, und es war immer Mädelsabend. »Die Serie lebt insbesondere davon, dass sie starke Stereotype von Frauenfreundschaft bedient«, schreibt die Berliner Soziologin Erika Alleweldt in ihrer Studie »Die differenzierten Welten der Frauenfreundschaften«. »Frauen, die ständig shoppen gehen und permanent am ›Quasseln‹ sind, alles auf direktem Wege der anderen mitteilen müssen und die die Suche nach dem richtigen Mann verbindet.« Doch durch ihre starke Klischierung konnten die Figuren sich auch dem Verglichenwerden entziehen. Stattdessen boten sie in ihren Unterschieden fast jeder Zuschauerin eine Möglichkeit zur Identifikation. Auch untereinander verzichteten sie auf sichtbar ausgetragene Rivalität. Darin liegt die größte Verheißung und die wichtigste Lehre von Frauenfreundschaften nach Art von »Sex and the City«: Loyalität zwischen Frauen, sogar zwischen mehreren, ist möglich. Sie beginnt damit, freiwillig auf den Vergleich zu verzichten.

Der Kommentar meiner Kollegin beschäftigt mich. Habe ich auch Freundinnen, um die Konkurrenz besser im Auge zu behalten? Empfinde ich Rivalität zu Frauen, die ich gleichzeitig mag und denen ich vertraue? War ich auf Louisa neidisch, auf Odille? Habe ich Annika einen Erfolg nicht gegönnt? Einzeln gehe ich die Namen derer durch, die ich dieser Tage wieder treffen werde. Wollte ich Olivia je übertrumpfen? Habe ich mich Deborah schon mal unangenehm unterlegen gefühlt?

9
ÄHNLICHKEIT

Seit ein paar Wochen sollte ich mich mit Ariane versöhnen. Aber ich melde mich einfach nicht bei ihr. Ich reagiere nicht auf die Terminvorschläge zu einem Mittagessen, die ich ihr mühsam abgerungen habe. Warum ist das so? Ich finde die Antwort nicht. Wir kennen uns seit gut zehn Jahren und waren uns rasch zugetan. Vor ungefähr einem Vierteljahr hatten wir den ersten Streit. Er eskalierte langsam, aber gründlich. Wir hatten uns als Berufskolleginnen kennengelernt, als Ariane mit ihrem ersten Kind schwanger war. Davon machte sie für mich angenehm wenig Aufhebens, auch nicht aus dem Umstand, dass ich keinen Wunsch nach Kindern verspürte. Es erschien mir normal, dass ich sie in den ersten Jahren oft zu Hause besuchte. Ihr Mann hatte abends meist außer Haus zu tun und so war es am einfachsten für sie. Später gingen wir manchmal in das Café in ihrer Straße. Es war lärmig, lag aber günstig für sie. Hin und wieder aßen wir in einem Restaurant oder gingen ins Kino. Unsere Abende waren immer lustig, wir erzählten uns von vergangenen Reisen und der Arbeit, und zuweilen sprachen wir auch über Liebe oder Leid. Als ich sehr krank wurde, besuchte sie mich im Krankenhaus. Aber obwohl wir uns in vielem einig waren, eine vergleichbare berufliche Situation und fast das gleiche Alter haben und uns schon beim ersten Kontakt sympathisch waren, kamen wir uns über die Jahre nicht mehr viel näher. Das fällt mir erst jetzt richtig auf.

An der Universität in Harvard wurde 2010 an der Frage geforscht, wie wichtig Ähnlichkeit für enge Freundschaftsbeziehungen ist. Eine Reihe von Probanden wurden mit Aufnahmen sowohl von Bekannten als auch von unbekannten Personen konfrontiert und aufgefordert, diese einzuschätzen, während ihre Gehirntätigkeit kontrolliert wurde. Dabei wussten die Probanden nicht, dass die unbekannten Personen so ausgewählt worden waren, dass sie ihnen in der Persönlichkeitsstruktur ähnelten. Die Probanden erkannten es auch nicht – ihre Gehirne ignorierten die Ähnlichkeit. Sprachen die Probanden jedoch über ihre Freunde, wurden Teile des Gehirns aktiv, die auch reagieren, wenn ein Mensch über sich selbst nachdenkt. Die Forscher schlossen daraus, dass wir auf gefühlte Nähe reagieren, nicht auf objektive Ähnlichkeit. Um Freunde zu sein, müssen wir einander nicht ähnlich sein. Um Freunde zu werden, müssen wir Fremde in unsere Nähe lassen und uns ihnen verbunden fühlen wollen.

In der vagen Hoffnung, dass ein paar Worte und das Hören unserer Stimmen uns einander wieder näher bringen, fing ich an, Ariane hin und wieder kurz anzurufen, statt eine Mail zu schreiben, um mich mit ihr zu verabreden. Doch das verbat sie sich bald. Es kam zu einem Missverständnis. Nach einer Kaskade von immer unflätigeren, unfaireren Mails, die zwischen uns hin und her gingen, erkannte ich plötzlich zwei Dinge. Ich hatte offenbar so wenig Ahnung von ihren wirklichen Nöten und Wünschen wie sie von meinen. Meine wenigen, kurzen, verzweifelten Anrufe in der Zeit einer schweren Trennung empfand sie als respektlose Störung ihrer mühsam erkämpften Arbeitszeit. Ihre munteren Nacherzählungen belangloser Filme oder lange vergangener Familienabenteuer, mit denen sie immer häufiger die seltenen Treffen eröffnete, erschienen mir mehr und mehr als Zeitverschwendung. Während sie mich damit an ihrer Welt teilhaben lassen wollte. Unser Groll aufeinander war unbemerkt gewachsen. »Du musst doch weder auf Kinder noch auf Eltern Rücksicht nehmen, und jetzt hast du dich ja auch noch der letzten Verbindlichkeit entledigt«, warf sie mir in einer ihrer letzten Mails vor, kurz nachdem mein Vater gestorben und mein Mann nach schweren Kämpfen ausgezogen war. Sie war also neidisch auf meine Freiheit. Jetzt war ich wirklich verletzt. Und jetzt erkannte ich zum ersten Mal deutlich meine eigene Wut auf sie. Ein klar umrissener Groll. Er galt weder der Leichtigkeit, mit der Ariane die Probleme ihres Lebens immer so heiter wegzulachen schien, noch dem Umstand, dass ihr berufliche Erfolge müheloser zu gelingen schienen als mir. Den größten Zorn in mir entfachte, wie ich erschrocken und beschämt erkennen musste, Arianes Gabe, noch im verwaschensten T-Shirt gut auszusehen, noch nach einer schlaflosen Nacht mit strahlender Haut und glänzenden Haaren aufzutauchen, während sich mir die kleinste Sorge ins Gesicht gräbt und ich Kleidung lieber sorgfältig wähle. Durch die Gabe ihres Äußeren hat Ariane ein größeres Vertrauen in sich selbst und in die Welt. Darauf bin ich offenbar so neidisch wie sie auf meine Unabhängigkeit. Ich finde keinen Umgang mit diesem Neid. Nach ein paar Wochen hörte sie auf, weiter nach einem Termin zu fragen. Obwohl mir Ariane nie eine Liebschaft vermasselt, vielleicht noch nicht mal einen Blick von mir abgezogen hat, obwohl ich immer Rücksicht auf ihre vielen familiären Verpflichtungen nahm, ist diese Freundschaft still und leise an unserem beidseitigen Neid erstickt. Meiner sitzt seither hellwach auf dem Plätzchen, das Ariane einst in meinem Herzen hatte. Ich habe keine Ahnung, wie er dorthin geraten ist. Aber es sieht so aus, als bewege er sich in nächster Zeit nicht wieder von dort fort.

Frauen müssen einander im Blick behalten, weil das, was sie in der anderen sehen, so wichtig für das eigene Handeln ist. Das legt die Wissenschaft nahe. Bereits 2001 hatte der schottische Attraktivitätsforscher Anthony Little herausgefunden, dass ein niedriges Selbstwertgefühl das Verhalten von Frauen in ihrer Partnerwahl messbar beeinflusst: »Frauen, die sich als attraktiv einschätzen, bevorzugen bei Partnern maskuline Gesichtszüge und legen mehr Wert auf Symmetrie als Frauen, die sich als weniger attraktiv einstufen.« Eine schöne, selbstbewusste Frau, die das Bild einer anderen schönen Frau sieht, fühlt sich dadurch weniger schön. Als unmittelbares Resultat senkt sie ihre Ansprüche an den Partner und dessen genetische Qualität. Sie schraubt ihre evolutionären Ambitionen kampflos herunter und gibt sich mit dem Erbgut eines schwächeren Kindsvaters zufrieden. Jedenfalls dann, wenn sie ihren Instinkten folgt. Lenken die Gene, ob wir Freundinnen sind? Das wäre zum Verzweifeln.

10
KÖRPER

Im Kinofilm, der 2000 nach der Fernsehserie »Sex and the City« entstand, sonnen sich die vier Protagonistinnen in einer Ferienanlage in Mexiko. Da sind sie kurzfristig hingereist, um die eine Freundin zu trösten, deren Hochzeit am Tag der Trauung vom Bräutigam abgesagt wurde. Der Blick der reschen Samantha fällt zwischen die Beine der nüchternen Miranda, wo am Rand des Badeanzugs ein paar Schamhaare zu sehen sind. »Sag' mal, ist dir das Wachs ausgegangen?«, fährt sie sie an. »Ich konnte doch nicht ahnen, dass ich einen Badeanzug anziehe«, verteidigt sich Miranda. »Ich hab' vergessen zu waxen.« »Seit wann?

1998?«, setzt Samantha mit angewidertem Gesichtsausdruck nach. »Auch wenn ich in der Todeszelle sitzen würde, würde ich sowas vermeiden.«

Die Szene handelt nur oberflächlich von der Frage, welche Bedeutung die korrekte Enthaarung des weiblichen Schambereichs hat. Sie transportiert vielmehr zwei Kernbotschaften über Beziehungen zwischen Frauen in unserer Gesellschaft: Sie erzählt, dass Freundinnen das sind, was bleibt, wenn die Liebe eines Mannes verloren ist. Und sie erzählt, dass man mit ihnen immer unter einer bestimmten Art von Kontrolle steht. Es ist die Kontrolle des Körpers.

Die Erfahrung, eine Frau zu sein, wird sehr maßgeblich davon geformt, eine bestimmte Art von Körper zu haben. Und damit gewissen Erwartungen ausgesetzt zu sein, die von beiden Geschlechtern an diesen Körper gerichtet werden. Von einem Frauenkörper wird erwartet, dass er gepflegt und möglichst schön ist. Je nach Umfeld entsteht daraus beinahe eine Pflicht. Der Zustand unseres Körpers und die Sichtbarkeit der an ihm erfüllten Pflichten weisen uns eine Position in der Gesellschaft zu. Sowohl gegenüber Männern als auch unter Frauen. Und unter Fremden ebenso wie zwischen Freundinnen. Jede Beziehung einer Frau zu einer anderen hat auch eine Komponente, die sich über die Einordnung unserer Körper durch den öffentlichen Blick definiert. Gleichzeitig ist das Bestreben, diesen Körper zu kontrollieren und seinen Verfall zu verlangsamen, lebenslang auch ein ganz konkreter Teil unserer Kontakte mit Geschlechtsgenossinnen. Mit anderen

Frauen, Freundinnen und Fremden, sitzen wir beim Friseur, bei der Maniküre, treiben wir Sport. Ständig haben wir vor Augen, wie eine andere aussieht, wie gut sie sich kontrolliert, wie sie mit dem Verfall umgeht und wie souverän sie der dauernden Taxierung standhält, ob sie schöner ist oder weniger schön. Egal, wie innig und vertraulich unsere Verbindung im Privaten ist: In der Öffentlichkeit werden wir immer miteinander verglichen werden. Einer wird die Rolle der Schönen zufallen und einer die der Unscheinbaren. Es sei denn, man findet beide zu unattraktiv – dann werden beide unsichtbar. Wahrscheinlich darum ist für manche Frauen das Taxieren der anderen seit der Jugend so selbstverständlich, dass sie es ein Leben lang nicht aufgeben. Konkurrenz und Rivalität bleiben Gewohnheit. Nicht selten am stärksten bei denjenigen Frauen, die in Freundinnenduos einst den Part der Schönheit hatten. Und bei denjenigen, die nie anfingen, ihre Instinkte zu erkennen und den Umgang damit zu steuern. Vielleicht sind es auch die, die nie gelernt haben, dass Schönheit weder Glück noch Liebe garantiert.

Es ist der Körper, der uns verletzbar macht gegenüber anderen Frauen. Und es ist der Körper, der gleichzeitig die größte Verbindung zwischen uns schafft. Frauen ahnen voneinander viele Dinge, schon wenn sie sich zum ersten Mal sehen. Jede weiß, dass ein straffer Busen den Blick in den Spiegel leichter macht als einer, der schwer geworden ist. Jede weiß, dass ein flacher Bauch das Gefühl von Erfolg verleiht und eine Wölbung das Gefühl von Mangel. Jede weiß, welche Härchen unsichtbar sein sollten und welche

Haare üppig und voll. Selbst wenn man eine andere Frau nie nackt gesehen hat, weiß man auf den ersten Blick, wie ihr Körper ungefähr aussieht. Eine andere so zu erkennen, durch ihre Kleidung hindurch bis auf ihr mutmaßliches Selbstbild sehen zu können, ohne auch nur ein Wort zu wechseln, bietet eine besondere Art der Verbundenheit. Eine Verbundenheit, die man fast immer ausblendet. Über diese Dinge denke ich nicht nach, wenn ich mit einer Sachbearbeiterin eines Amtes zu tun habe. Ich setze nicht auf die Gleichheit zwischen uns, sondern auf die Distanz. Wenn ich ihre unreine Haut sehe, empfinde ich kein Mitleid und denke, oje, die hat bald ihre Tage, auch wenn ich weiß, wie aufgequollen und dünnhäutig sie sich wahrscheinlich fühlt. Wenn ich morgens in der Bahn bei der Sitznachbarin Augenringe und eine glänzende Nase sehe, denke ich nicht, oje, ich weiß, wie unangenehm Make-up sich anfühlt, wenn die Haut darunter noch nicht richtig aufwachen konnte. Ich registriere nur die Makel, fast unbewusst, und belasse es dabei. Bei Bekannten ist es anders. Da lüfte ich diesen Vorhang vielleicht und greife auf das Mitgefühl zu, das ich abrufen kann. Doch zuverlässig tue ich das nur, wenn das Vertrauen und die Zuneigung dazu ausreichen. Wenn die andere eine Freundin ist oder sein könnte. Wenn ich ihr vertraue, dass auch sie meine Mängel ausblendet und sie nicht in Beziehung zu sich setzt, um sich neben mir schöner zu fühlen.

Der enorme Einfluss, den Frauen nur mit Blicken aufeinander haben, führt zu einer spezifisch weiblichen Mischung aus Rivalität und Solidarität. Die Rivalität flammt oft am Anfang eines Kontaktes auf. Die Solidarität folgt im besten Fall darauf. Die Fähigkeit zur Solidarität kann Frauengruppen vielleicht davor bewahren, zum Wolfsrudel zu werden, in dem jagdfreie Zeiten genutzt werden, um die Rangfolge immer wieder neu auszukämpfen. Ein weibliches Rudel kann sich ständige Rangkämpfe nicht leisten. Sie würden zu viel Energie vom Nachwuchs abziehen, der ja auch noch gepflegt werden muss. Und zwar traditionell mithilfe der Geschlechtsgenossinnen. In einer Studie der Karlsruher Unternehmensberatung German Consulting Group mit 80 weiblichen Führungskräften gaben 2006 drei von vier Frauen an, in ihrer Karriere nicht von Männern, sondern am stärksten von anderen, konkurrierenden Frauen auf der eigenen Hierarchiestufe ausgebremst worden zu sein. »Neid ist der größte Karrierekiller bei Frauen«, lautete das Fazit der Veröffentlichung. »Ein erster Schritt wäre eine größere Solidarität unter den Frauen«, merkte etwas ratlos der Geschäftsführer der Unternehmensberatung an. Man braucht nicht die Logik der Höhlenmenschen, um zu erkennen, dass die Fähigkeit zur Solidarität Frauen stärkt – in großen Gruppen ebenso wie in kleinen Verbünden. Und dass das instinktive Festhalten an Rivalität sie immer und in jeder Situation ungeheuer schwächt.

11
BALANCE

Heute vertraue ich meinen Freundinnen, dass sie eine Überlegenheit, wenn sie sie haben, nicht gegen mich verwenden. Olivia mit ihren langen Beinen und dem umwerfenden Charme. Deborah mit ihrer verführerischen Taille und der glamourösen Unerschrockenheit. Dass sie mich nicht nutzen, um sich schöner und stärker zu fühlen. Auf Rivalität zu verzichten, könnte eine Definition von Freundschaft zwischen Frauen sein. Es funktioniert aber nur auf Gegenseitigkeit. Und mit dem Verzicht auf Gehässigkeit aus Gewohnheit. In Frauenmedien gehört Gehässigkeit zur Grundausstattung von Frauen. »Ausgehen mit einer hübschen Frau? Geht nur im Pulk«, stand 2009 im Internetportal *Frauenzimmer*. »So wie es Miranda in ›Sex and the City‹ macht. Da fällt nicht so auf, dass die eigenen Zähne schief sind oder die Oberschenkel zu mollig.«

Ich gehe mit meinen Freundinnen aus, weil ich mich gut mit ihnen fühle. Weil mein Leben schöner ist, wenn sie in meiner Nähe sind. Ich freue mich, wenn Olivia besonders rasant durch die Welt schreitet in einem neuen Kleid oder Deborah besonders verwegen strahlt. Ich sehe sie mit einem liebevollen Blick und fühle mich gleich besser; weil ich spüre, dass sie mich mit demselben Blick betrachten. Aber es geht nur an guten Tagen leicht. An schlechten Tagen genügen Olivias neue, extravagante Stiefel oder Deborahs besonders schillernde Souveränität, damit ich alle Kraft aufbringen muss, um mich an ihrer Seite zu zeigen. Dass ich überhaupt die Kraft dafür finde, kommt aus dem neuen Vertrauen zu ihnen. Dass sie mich gerade an einem solchen Tag nicht übertrumpfen werden. Dass sie nicht gehässig sind. Dass sie, glänzend und stark, mich an einem schlechten Tag besonders energisch daran erinnern, dass auch mir immer wieder etwas glückt.

Schon lange suche ich meine Freundinnen nicht mehr danach aus, ob sie etwas auf mich abstrahlen können. Doch noch immer ist mir wichtig, dass ich sie schön finde. Es sind nicht mehr die Haare oder der Kleidergeschmack, der zu diesem Ergebnis führt. Es ist eine Art von Energie, die von jemandem ausgeht, der lernt, dem Leben ins Gesicht zu sehen. Es ist eine Energie, die ich selbst auch aufzubringen versuche. Eine Energie, die mir verlorengeht mit jemandem, der dieses Ziel nicht hat. Mit Frauen, die auf Dauer immer viel schwächer oder unsicherer sind als ich, werde auch ich schwächer und unsicherer, so viel habe ich gelernt. Schlimmer wird es nur mit Frauen, die sich offen an mir messen. Sie meide ich wie Gift. In einer Freundin suche ich scheinbar ein Echo von mir selbst. Doch was genau klingt in der anderen wider? Wodurch entscheidet sich, ob das für sie auch gilt? Das erkenne ich so gut wie nie. Woher kommt bei einer neuen Bekanntschaft der Wunsch, mit dieser möge eine Freundschaft gelingen? Warum scheitert sie manchmal dann doch?

»Ein notwendiger erster Schritt, damit die meisten Freundschaften überhaupt zustande kommen, ist, dass zwei Menschen einander überhaupt begegnen. Die Wahrscheinlichkeit dafür steigt, wenn sie in der Nähe voneinander wohnen«, schrieb die kanadische Beziehungsforscherin Beverley Fehr 1995 in einer umfangreichen Untersuchung über die »Prozesse der Freundschaft«. Doch wir können kaum beeinflussen, wer uns auf dem Pausenhof, im Supermarkt, auf dem Spielplatz, im Turnverein oder in der Nachbarschaft über den Weg läuft. Erst recht nicht, ob darunter ein Mensch ist, mit dem der erste Funke zündet. »Auch wenn zwei Personen sich begegnen, hängt es von zahlreichen Faktoren ab, ob sie sich zu einer Annäherung entschließen«, heißt es bei Fehr weiter. Freundschaft scheint beunruhigend viel auch mit Zufall zu tun zu haben. Das ist das Fazit der Forscher.

Paulette traf ich an der Universität. Schon nach der zweiten oder dritten Begegnung war klar, dass wir uns öfter sehen wollten. Unser Zusammensein war anregend und mühelos. Ich lernte von ihr neue Dinge kennen, die sich doch wie von selbst in meine Welt einfügten. Die Musik von Erik Satie. Ein idiotensicheres Rezept für thailändisches Curry. Sie las durch mich ein paar Bücher, die sie noch nicht kannte, und traf ein paar Leute, die sie amüsierten, an Orten, wo sie vorher noch nie war. Bereitwillig eignete sie sich bald einen Teil meines Lebens an und machte ihn zu etwas Gemeinsamem. Umgekehrt tat ich dasselbe. Eigentlich war Paulette ein Kontrollfreak. Mit unmerklicher Aufmerksamkeit bewegte sie sich möglichst keinen Millimeter aus dem Bereich, im dem sie sich sicher fühlte. Niemals hätte sie ein neues Paar Schuhe probiert, wenn es nicht schon auf den ersten Blick zu hundert Prozent zu ihrem Stil passte. Nie im Restaurant ein Gericht bestellt, das sie noch nicht kannte. Niemals wäre sie in eine Bar gegangen, von der sie nicht wusste, dass ihr die Musik dort gefällt. Während ich ängstlich, aber entschlossen jeden Unsinn ausprobierte. Gleichzeitig konnte niemand so ausgelassen lachen wie sie. Niemand erkannte so schnell die Komik noch in der verzweifeltsten Situation. Mit Paulette lernte ich, jeden Schmerz daraufhin zu überprüfen, ob man nicht auch darüber lachen kann. Und nie zu überlegen, wie man dabei aussieht. In meinem Schuhkarton sind unzählige Fotostreifen, auf denen wir beide mit tränenden Augen und aufgerissenen Mündern in den Blitz der Fotokabine starren, weil sie eine Sekunde davor eine absurde Bemerkung gemacht hatte. Mit Paulette lernte ich, dass gerade in Gegensätzen manchmal Nähe entsteht. Dass immer und überall Mut nötig ist. Und dass es sich unbedingt lohnt, sich selbst möglichst oft zu überraschen.

Woran ist die Freundschaft zu ihr gescheitert? Als nach einem Umzug fast 1000 Kilometer zwischen uns lagen, bestand sie noch über Jahre fort. Wir schrieben uns dicke Briefe, später ellenlange elektronische Post. Eine Weile schien es sogar, als ob sie noch intensiver würde, seit wir uns nicht mehr jede Woche zum Essen trafen. Doch irgendetwas geriet aus der Balance, und wir besprachen es nicht. Die wenigen Abende, wenn wir uns sahen, waren zu kurz, um den Spannungen nachzugehen, die immer rascher zwischen uns spürbar wurden. Hin und wieder fiel ein Satz in einem Brief, aber keine von uns ging der Irritation auf den Grund. Irgendwann blieb ich meine Antwort einfach schuldig und schrieb nie mehr zurück. »Weil der zentrale Charakter von Freundschaft die Freiwilligkeit ist, gibt es kaum institutionalisierte Strukturen, um beschädigte Freundschaften zu retten«, heißt es bei Beverley Fehr. »Freundschaften lösen sich oft auf, ohne dass Probleme und Konflikte offen diskutiert werden.«

12
SCHMERZ

Angst und Schmerz. Immer wieder streiche ich diese Worte. Sie erscheinen mir als zu starke Begriffe, wenn es um die Beziehung zu meinen Freundinnen geht. Es sind Wörter, die ich lieber mit romantischer Liebe in Verbindung bringen würde. Mit Liebeskummer, mit Leidenschaft, vielleicht mit Obsession. Doch so oft ich sie lösche, so oft schreibe ich sie wieder hin. Angst und Schmerz. Das sind Wörter, die sich vordrängen, wenn ich darüber nachdenke, was Freundinnen in meinem bisherigen Leben für eine Rolle spielten. Angst und Schmerz, Vertrautheit und Glück, Ausgelassenheit, Wärme, Sicherheit und Spaß. Nähe und Amüsement, Inspiration und Trost. Nachher treffe ich Nina. Vorhin hat mir Yolanda eine liebe Mail geschrieben. Beides hat sofort die düsteren Wolken weggetrieben, die der Tag mit sich brachte. Dass ich heute diese Leichtigkeit mit diesen Frauen erleben kann, hat etwas mit dem Schmerz und der Angst zu tun, die ich früher mit Freundinnen erlebte. Und auch mit dem Gefühl von Versagen, das ich gleichzeitig habe, gegenüber den Frauen, die ich einst Freundinnen nannte und die es heute für mich nicht mehr sind.

Freundschaft ist eine Art Faser, die die Welt durchzieht wie ein Netz mit unendlich vielen Verästelungen. Wie sähe eine Gesellschaft aus, in der Frauen nicht miteinander befreundet sind? In der Rivalität die Oberhand hätte? Wie sähe eine Welt aus, in der alle Frauen miteinander befreundet sind? In der die Verbindung als Macht gesehen würde? Wie sähe eine Welt aus, in der Männer und Frauen miteinander befreundet sind, auch jenseits von amourösen Interessen? Freundschaft hat auch immer den Charakter einer Utopie. Esperanto, die europäische »Hoffnungssprache«, wurde am Ende des 19. Jahrhunderts entwickelt, um eine

Sprache der Freundschaft zwischen Menschen anzulegen, die sonst nicht miteinander reden können. »Völkerfreundschaft« ist ein Thema politischen Handelns. Das alles sind Dinge, die in der Außenwelt stattfinden. Frauenfreundschaft ist etwas, was vor allem in der privaten Welt seinen Platz hat. Noch zu Zeiten der Romantik war es Frauen nicht möglich, einander außerhalb des Familienkreises alleine zu treffen. Die Bedeutung von Freundinnen hat auch mit dem Platz zu tun, der Frauen traditionell zugewiesen wurde, oft ein Platz abseits der Öffentlichkeit. Freundschaft zwischen Frauen war immer auch ein Raum für freie Gedanken.

Das Fehlen von strukturellen Zwängen sei ein zentrales Merkmal von Freundschaft, heißt es bei Beverley Fehr. Die Verbindlichkeit ist eine freibleibende, äußerlich nicht verankerte Verbindlichkeit. Das ist einer der größten Unterschiede etwa zu einer Liebesbeziehung. Der Beginn einer Freundschaft wird in der Regel nicht offiziell deklariert – und sie steht auch nicht unter derselben Beobachtung. »Wenn eine Liebesbeziehung in Schieflage gerät, besteht meist ein gewisser äußerer Druck, diese Beziehung zu reparieren«, heißt es bei Fehr. Es existieren dafür Ressourcen, Therapeuten oder unterstützende Familienangehörige. Beim Scheitern einer Freundschaft ist es hingegen unwahrscheinlich, dass man überhaupt Rat sucht oder Hilfe in Anspruch nimmt. Bereits in den 1980er Jahren wurde in Untersuchungen festgestellt, dass sich »Freundschaften bis zu einem Punkt zersetzen können, an dem sie nicht mehr reparierbar sind – und zwar ohne dass es die

Betroffenen überhaupt bemerken«, schreibt die Forscherin.

Freundinnen können, ebenso wie ein Liebespartner, vor Einsamkeit schützen. Man muss dafür nicht einmal den hohen Preis der fast vollständigen Vereinnahmung bezahlen, den eine Liebesbeziehung häufig fordert. Und wenn die Freundschaft scheitert, riskiert man nicht die Verletzung des sozialen Ansehens wie etwa bei einer Scheidung. Aber gerade in dieser buchstäblichen Unverbindlichkeit liegt auch ihre größte Gefahr. Jetzt, wo ich all das so vor mir sehe, erscheint mir die alte Angst plötzlich angemessen. Freundschaft mit Frauen kann so anstrengend sein. Diese Beziehungen sind so komplex. Sie können aufwendig sein und voller Gefahr. Diese Beziehungen haben große Macht über uns. Wir können zurückgewiesen werden. Wir müssen Zeit aufwenden, die wir vielleicht nicht haben. Wir müssen uns vergleichen und werden verglichen. Wir können unwichtig werden und müssen Verrat in Kauf nehmen. Wir haben Rivalität auszuhalten oder zu überwinden. Wir müssen uns anstrengen, und trotzdem verlieren wir vielleicht.

Einen Menschen »ablegen wie ein Kleid, das nicht mehr passt«, ist eine hässliche Vorstellung. Aber sie beschreibt auch eine abgründige Freiheit, die in der Beziehung auch zur engsten Freundin liegt. Die meisten Frauen haben schon einmal eine Freundin hinter sich gelassen wie ein Lieblingskleid, wenn es nicht mehr passte. Das zu können und es auch zu dürfen, ist Teil des unausgesprochenen Versprechens, das in dieser Beziehung liegt. Mit jeder erwiderten Nachricht, mit jedem neuen Treffen entscheiden wir uns dafür, es nicht zu tun, über Jahre, Jahrzehnte, vielleicht bis zum letzten Lebenstag. Aber wir sind dazu nicht verpflichtet. Freundschaft zu einer Frau kann so intensiv sein wie Liebe und sich anfühlen, als gelte sie bis zum Tod. Manchmal tut sie das auch. Aber ebenso kann sie auf ein unmerkliches Zeichen hin verdorren wie eine Blume, die zu lange in einer Vase stand, ohne dass wir dagegen ein wirksames Mittel hätten.

Freundschaft wird von beiden Seiten immer nur auf Widerruf gewährt. Wenn sie scheitert, hat man kein Anrecht auf Erklärung und oft auch keine Antwort dafür. In diesen Unsicherheiten liegt vielleicht der tiefste Grund dieser so freiwilligen und doch zwingenden Beziehung. Mit jeder Freundin müssen wir die Werte, die Regeln, die Balancen miteinander individuell und freihändig finden und sie immer wieder neu tarieren. Und egal, ob die Freundschaft bleibt oder endet – man hat sich diese Freundin und das Zusammensein mit ihr selbst ausgesucht. Man trägt die volle Verantwortung. Das Nachdenken darüber, über das Glück und den Schmerz, wirft uns darum auch immer wieder ganz allein nur auf uns selbst zurück.

TEIL ZWEI

LEKTIONEN IN FREUNDSCHAFT

1
FLUCHT

Nicht zu allen Zeiten war es selbstverständlich, dass Frauen überhaupt richtig miteinander befreundet sein konnten. Dass sie Freundschaften zueinander als eigenständige, individuelle Beziehungen führen. Noch zur Zeit der Romantik vor 200 Jahren war dafür kein Platz vorgesehen. Und zwar im Wortsinn. »Im Gegensatz zu Männerfreundschaften, die zu dieser Zeit in Parkanlagen und Tempeln öffentlich zelebriert wurden, und in die sich gründende Vereine, Männerbünde und geheime Gesellschaften eingebunden waren, gab es für Frauen keinen Ort, an dem sie sich ohne Aufsicht der Familie mit ihren Freundinnen hätten treffen können«, schreibt die Soziologin Erika Alleweldt in ihrer Studie »Die differenzierten Welten der Frauenfreundschaften«. Die von Alleweldt als Vorbild angeführten Freundinnen Bettina von Arnim und Karoline von Günderrode, die ihre Verbindung in vielen berühmt gewordenen Briefen zelebrierten, waren zu ihrer Zeit privilegiert: Günderrode lebte ab 1797 in einem

Damenstift und hatte nur dadurch überhaupt eigenen Wohnraum, wo die Frauen ungestört reden konnten. Nur durch den realen Raum, wo sie ihre damals revolutionären Ideen und Gedanken zur Stellung der Frau in der Gesellschaft gemeinsam entwickeln und vertraulich austauschen konnten, entstand überhaupt ein geistiger Freiraum, der den beiden Dichterinnen die Möglichkeit bot, »ein von den Vorstellungen der Männerwelt unabhängiges Selbstverständnis auszubilden«, wie Alleweldt schreibt. Freundschaft braucht Zeit. Und sie braucht Orte. Den Frauen der Romantik ermöglichte sie erste Schritte einer Emanzipation. Diese Frauen waren unmündig und sowohl finanziell als auch sozial lebenslang und vollständig von ihren Vätern oder Ehemännern abhängig. Am politischen oder öffentlichen Leben konnten sie kaum oder gar nicht teilhaben. Die Freundschaft zu einer gleichgesinnten Geschlechtsgenossin blieb die einzige Beziehung auf Augenhöhe, die überhaupt möglich war. Die eigene Wut über diese Ungerechtigkeit in einer anderen gespiegelt zu sehen und mit ihr gemeinsam das Ausmaß der Ohnmacht überhaupt zu benennen, war ein erster Schritt zur Befreiung. In einer Epoche, die unsere Kultur geprägt hat, brauchten Frauen einander zum geistigen Überleben. Und lernten dadurch, Freundinnen zu sein.

1991 kam einer der bislang erfolgreichsten Filme über Freundinnen in die Kinos. Er erzählte von zwei Frauen, die zusammen einen Wochenendausflug in die Berge planen. Naive Vorstadthausfrau Mitte 30 die eine, desillusionierte Kellnerin Mitte 40 die andere: »Thelma und Louise«. Nach einem Schwof bei einem Zwischenstopp in einer Bar wird Thelma beinahe vergewaltigt. Mithilfe des Revolvers, der sich im Gepäck befindet, kann Louise den Täter davon abhalten. Als der daraufhin sagt, er hätte sich dann wohl besser an sie gehalten, erschießt ihn Louise. Damit nimmt das eigentliche Roadmovie seinen Lauf. Um der Sache zu entkommen, steuern sie in Richtung Mexiko. Sie begegnen einem attraktiven Kriminellen, gespielt vom jungen Brad Pitt, der einerseits die unterdrückte Thelma sexuell wiederbelebt, andererseits mit den Geldvorräten der beiden Frauen verschwindet. Thelma überfällt daraufhin einen Lebensmittelladen, um neues Geld zu erbeuten. Dadurch zieht sie weitere Aufmerksamkeit der Polizei auf sich und ihre Freundin. Die Situation verschärft sich. Louise weigert sich, als Fluchtweg die naheliegende Route durch Texas zu nehmen. Aus Anspielungen ist zu verstehen, dass sie dort selbst vergewaltigt wurde. Es folgen endlose Fahrten über endlose Straßen mit offenem Verdeck und wehendem Haar. »Niemand wird uns glauben, dass wir keine ›solchen‹ Frauen sind«, sagt Louise zu Beginn der Flucht. Sie ist mit ihrer Freundin nicht nur durch Sympathie verbunden. Auch der Mythos der Mitschuld bei einer Vergewaltigung ist in beide Filmfiguren eingestanzt – ebenso wie das Motiv der sozialen Hilflosigkeit aufgrund ihres Geschlechts. Durch ihre Flucht geraten Thelma und Louise rasend schnell in den gesetzlosen Raum. Bald durchbrechen sie auch die Schallmauer dessen, was im amerikanischen Mainstreamkino über eine weibliche Identifikationsfigur normalerweise erzählt wird:

Sonnenverbrannt und vor düsterer Lebenskraft sprühend, wirken die beiden Frauen immer verführerischer, je rabiater sie sich gegen alles wehren, was sich ihnen in den Weg stellt. Ein Polizist, der sie stoppt, wird kurzerhand in seinen eigenen Kofferraum gesperrt. Einem Trucker, der mit Sexgerede nervt, jagen sie das Fahrzeug in die Luft.

Doch in der Logik Hollywoods können Frauen nicht aus eigener Kraft über ihr Schicksal bestimmen, dabei gut aussehen und lebend damit durchkommen. Die immer kompromisslosere Befreiung von den ungerechten Normen ihrer bisherigen Welt wird mit dem Tod bestraft werden. Das ahnen Thelma und Louise auch selbst. Darum muss sich der Weg bis dahin lohnen. Am Ende des Films finden sie sich eingekesselt von Polizeiautos und Hubschraubern am Rand des Grand Canyon, und es bleibt ihnen nur, mit Vollgas in den Abgrund zu steuern. Doch je näher sie dem Absturz kommen, desto mehr kommen die beiden Frauen davor zu sich selbst. »Ich fühle mich zum ersten Mal hellwach,« sagt Thelma kurz vor Ende. »Du warst eine gute Freundin«, sagt Louise zu der Jüngeren, bevor sie das Gaspedal zur letzten Fahrt durchtritt. »Du auch«, sagt diese. »Die beste.« Dann verschränken sie ihre Hände ineinander und rasen auf den Abgrund zu.

Thelma und Louise waren wesentlich radikaler und gefährlicher als sieben Jahre später die Freundinnen aus »Sex and the City«. Doch beide Erzählungen haben unsere Vorstellung von Frauenfreundschaft verändert. Und beide haben eine ähnliche Botschaft: Um sich aus der spezifischen sozialen Ohnmacht ihres Geschlechts zu befreien, müssen Frauen zur Freundschaft fähig sein. Sie ist das, was am Ende bleibt – und die Grenze zur Komplizenschaft ist dabei manchmal fließend.

2
GLAS

Dass ihre Freundschaft vorbei war, wusste Irene, als Patricia ihr zum Geburtstag eine Vase schenkte. Kein vasenförmiger Frosch für ihre Sammlung, kein Fundstück vom Flohmarkt, auch kein Kelch aus der Belle Epoque. Sondern eine vollkommen alltägliche, unspektakuläre Glasvase aus der Haushaltswarenabteilung von Karstadt. »Zuerst dachte ich tatsächlich, das sei ein Witz«, sagt Irene. »Ich konnte einfach nicht glauben, dass sie auf diese Idee gekommen war.« Doch die Vase war ernst gemeint. Ebenso meinte es Patricia auch ernst, als sie Irene ein paar Wochen später erläuterte, was ihrer Meinung nach der Grund für die gerade entdeckte Krebserkrankung von Irenes Mann war. »Ich saß da und heulte, und Patricia meinte nur, diese Art von Krebs sei häufig bei Männern mit einer ungelösten Mutterbindung«, erzählt Irene. Ihre Freundin Patricia, mit der sie sich seit Jahren regelmäßig traf und mit der sie viele private Dinge teilte, hatte sich in eine »völlig fremde, passiv-aggressive Eiskönigin« verwandelt, wie Irene es formuliert. Besonders verstörend empfand sie, dass aus ihrer Sicht dem Umschwung kein Streit vorausgegangen war, nicht mal eine Verstimmung. Alles war wie immer: Ungefähr alle sechs Wochen traf sie sich mit Patricia, um ins Kino oder ins Theater zu gehen. Manchmal besuchten sie auch eine Ausstellung zusammen oder trafen sich einfach im Café. Ursprünglich war Patricia eine Arbeitskollegin von Irenes Mann. Patricia, die damals mit einer Frau zusammenlebte, suchte die Bekanntschaft, weil sie nach eigenen Aussagen »wieder mehr in die Welt der Heteropaare einsteigen wollte« – natürlich ganz sittsam, ohne amouröses Interesse an dem gebundenen Mann. Als dieser ihr ein Foto von Irene zeigte, bekundete Patricia in »entwaffnender Offenheit«, wie sich Irene erinnert, ihr Interesse, die beiden »als Paar« kennenzulernen. Sie wolle selbst eine neue Lebensphase einläuten und eine Beziehung mit einem Mann eingehen. Da sei ihr Anschauung willkommen. Irenes Mann war die etwas exaltierte Art von Patricia bald ein wenig zu anstrengend, Irene amüsierte sie hingegen, und die beiden Frauen freundeten sich an. »Weil Patricia von Anfang an so freimütig von ihrer Neuorientierung und auch von der zu Ende gegangenen lesbischen Beziehung erzählte, war ich auch von Anfang an offen zu ihr«, erzählt Irene. »Ich fand es sogar spannend, mal die Sicht einer bisexuellen Frau auf mein klassisches Heteroleben zu hören.« So groß seien die Unterschiede aber gar nicht gewesen, und bald spielten sie in den Gesprächen überhaupt keine Rolle mehr. Hin und wieder habe sie sich »etwas beobachtet« gefühlt, erinnert sich Irene, nachdem die Freundschaft mit Patricia zerbrochen ist. »Irgendwie hatte ich manchmal so im Halbbewusstsein das Gefühl, sie schaut sich bei mir irgendwie ab, wie ich mit meinem Mann umgehe und auch, wie ich sonst so auf Männer reagiere.« Doch das habe sie nicht weiter gestört. Bald habe sich Patricia in ihren Steuerberater verliebt und immer sehr lebhaft von ihrer Verwirrung und den Unsicherheiten erzählt. »Mit Patricia kam ich mir da manchmal fast wie ein Teenager vor, wenn wir kichernd analysierten, was dieser Typ wohl mit diesem oder jenem Satz gemeint haben könnte, und warum er nicht anrief oder so.« Doch irgendwann klagte Irenes Mann immer häufiger über Schmerzen in der Hüfte, und nach ein paar belastenden Monaten kam die niederschmetternde Diagnose. »Eigentlich mochte ich mit niemandem darüber sprechen. Doch Patricia kannte ihn ja schon lange, und darum erwähnte ich es dann doch. Obwohl da die Sache mit der Vase schon gewesen war.« Das Treffen im Café war das letzte zwischen den beiden Frauen. »Ein paar Tage später schrieb ich ihr eine Mail, wie sehr mich ihre Reaktion verletzt habe. Dass ich mir etwas mehr Mitgefühl erhofft hätte, und keine küchenpsychologischen Analysen, die ich zudem als übergriffig empfand.« Patricia habe ihr darauf, ebenfalls in einer Mail, explizit die Freundschaft gekündigt. »Sie habe kein Interesse mehr an einem Kontakt mit mir und würde mich bitten, diesen Wunsch zu respektieren, hieß es darin«, sagt Irene. »Der letzte Satz machte mich richtig zornig. Er hörte sich an, als ob ich ihr nachstellen würde, dabei hatte ich ja als Erste meine Unzufriedenheit thematisiert.« Drei Jahre sei das nun her. Einige Male habe sie Patricia noch zufällig auf der Straße gesehen, einmal sei sie ihr im Bus begegnet. »Sie machte sich dann immer unsichtbar«, sagt Irene. »Aber ich guckte ihr direkt ins Gesicht, damit muss sie klarkommen.« Denn Patricia habe sie wirklich verletzt. »Mir kommt es vor, als habe sie mich in einen Hinterhalt gelockt. Sie wollte durch mich mit Themen in Kontakt kommen, die sie interessierten. Es ging gar nicht um mich. Es ging um meine Lebenssituation als heterosexuelle Frau. Und als für mich ein anderes Thema dringender wurde und ich Beistand gebraucht hätte, war ich für sie nur noch anstrengend.«

Für Frauen sei es »besonders wichtig«, dass man »über alles reden kann«, heißt es 2014 in der repräsentativen Studie »Freunde fürs Leben«. Für 77 von 100 der befragten Frauen war dieser Punkt in einer Freundschaft zentral. Vielleicht kann man es so formulieren: Freundschaft braucht Themen. Gemeinsame Themen sind das, wovon sie sich auf Dauer ernährt. Es muss ja nicht zwingend Tod und Krankheit sein; und auch nicht die Flucht vor der Polizei.

3
WURZEL

Ungefähr die Hälfte meiner Freundschaften zu Frauen hat sich in den letzten Jahren aufgelöst. Auch ein Teil der loseren Bekanntschaften wurde in die Tiefe gerissen. Dadurch ist zuerst eine Art luftleerer Raum entstanden, der mich sehr beängstigte. Dieser Raum hat sich nun seinerseits zu wandeln begonnen. Aus der bedrohlichen Leere ist eine freie Stelle geworden. Ich habe neue Kraft gewonnen, ich habe wieder Kapazitäten frei. Ich habe wieder mehr Platz für die Freundschaften, die geblieben sind und sich verwandelt und erneuert haben. Und ich habe auf einmal Platz für die eine oder andere neue Freundschaft. Auf unerwartete Art beginne ich zu lernen, wie man neue Freundschaften schließt.

48,4 Prozent der Deutschen sind der Meinung, dass sich mit Menschen, die man erst im Erwachsenenalter kennenlernt, »nur ganz selten« eine echte Freundschaft entwickeln kann. Das ergab 2009 eine repräsentative Umfrage im Auftrag des Gesundheitsmagazins *Apotheken Umschau*. 23,5 Prozent der Befragten zeigten sich sogar überzeugt, dass »echte Freundschaft« generell nur im Kinder- oder Jugendalter ihren Anfang nehmen kann. Gleichzeitig weiß die Freundschaftsforschung, dass Freundschaften mit steigendem Alter für die meisten Menschen an Bedeutung gewinnen. Doch ausgerechnet dazwischen liegt der Abgrund der mittleren Jahre. Die Zeit, in der man so sehr mit Familie, Karriere und Alltagslast beschäftigt ist, dass vielen Jugendfreundschaften die Luft ausgeht. Jahre, in denen man aus den gleichen Gründen keine Ressourcen für das Aufbauen neuer Beziehungen hat. Oder es jedenfalls glaubt. Es sind die Jahre, die ich gerade erlebe. Doch mir scheint, es liegt nicht nur an der Alltagslast. Sondern auch an der Frage, ob man sich in den mittleren Jahren im Geflecht seines Alltagslebens, im Gewirr der Verpflichtungen und vielleicht auch in einer Liebesbeziehung zu sicher fühlt. Ob man darüber den anderen Bereichen des Lebens gegenüber ein wenig bequem geworden ist.

Die erste Freundschaft ausgeschlagen habe ich in der Grundschule. Am ersten Tag nach den Ferien fragte mich eine der beiden Silvanas zu Beginn der großen Pause geradeheraus, ob ich ihre Freundin sein wolle. Sie war eine der vielen Italienerinnen in unserer Klasse, deren Eltern als Arbeitsimmigranten damals in großen Gruppen kamen. Manche zogen nach ein paar Jahren zurück in den Süden. Auch Silvana war auf diese Weise ihre beste Freundin abhanden gekommen. Dass sie zu den Italienerinnen gehörte, spielte für mich keine Rolle. Diese Mädchen waren alle sehr nett und sprachen wie wir. Der Grund, warum ich nicht ihre Freundin sein könne, legte ich ihr offen dar: Ich war bereits die Freundin von Yvette. Das stimmte zwar noch nicht ganz, ich befand mich erst in der Eroberungsphase, aber es wäre unklug gewesen, meine Aufmerksamkeit jetzt auf ein anderes Mädchen zu lenken. Das war mir schon mit acht Jahren klar. Doch es gab noch einen anderen Grund, den ich erst heute erkenne. Obwohl Silvana nett war, ein freundliches Mädchen mit schwarzen Augen und langen Locken, interessierte sie mich einfach nicht besonders. Auf keinen Fall interessierte sie mich genügend, um ihre Freundin sein zu wollen.

Jede Beziehung beginnt mit irgendeiner Form von Anziehung. Erst die Anziehung liefert überhaupt die Energie, genügend Interesse für den anderen aufzubringen, um ihn immer wieder sehen zu wollen und Zeit in die Verbindung zu investieren. Das weiß die Freundschaftsforschung. Anziehung wird sehr stark von gefühlter Ähnlichkeit beeinflusst. »Hunderte von Untersuchungen haben ergeben, dass die Attraktivität einer Person für uns steigt, je öfter wir sie sehen. Sogar, wenn es nur auf einem Foto ist und gar keine tatsächliche Begegnung stattfindet«, schrieb die Freundschaftsforscherin Beverley Fehr in ihrem Buch *Prozesse der Freundschaft*. In den 1980er Jahren fanden zwei ihrer Kollegen auch eine Begründung, warum wiederholter Anblick einer Person zu Sympathie führt. Zuerst kamen die Wissenschaftler »zum üblichen Ergebnis, dass die positive Bewertung einer Person zunahm, je öfter man ihr Bild zu sehen bekam«, heißt es bei Fehr. Doch »interessanterweise führte diese steigende Sympathie im Gegenzug auch zu einem Anstieg der empfundenen Ähnlichkeit. Mit anderen Worten: Je vertrauter wir mit dem Anblick einer Person werden, desto eher nehmen wir an, dass diese Person uns gleicht.« Anziehung wird nicht nur von Ähnlichkeit beeinflusst. Ähnlichkeit ist auch die Voraussetzung von Anziehung – sogar dann, wenn sie nur eingebildet ist. Man könnte also sagen, dass ein willkürliches Gefühl über Freundschaft entscheidet. Man könnte es aber auch anders bezeichnen: als ein wenig Magie.

»Ein, wenn nicht gar das wichtigste Merkmal einer guten Freundschaftsbeziehung ist das sich im Beisein des anderen wohlfühlen«, schreibt Margarete Blank-Mathieu in ihrem Aufsatz »Weshalb brauchen Kinder Freunde?« Dieses Wohlgefühl verlange danach, dass der andere »häufig aufgesucht oder eingeladen wird«, dass gemeinsame Spiele nur mit dem auserkorenen Kind geplant werden. »Und dass man traurig ist, wenn der Freund oder die Freundin krank oder verreist ist.« Dass man sich mit der anderen besser fühlt als ohne sie. Das Grundinteresse am anderen ist der Wurzelballen einer Freundschaft. Es muss etwas mit dem Grundinteresse an sich selbst zu tun haben. Mit dem Wunsch und dem Streben, in einem anderen Menschen einen Teil von sich selbst zu erkennen. Wenn das eine oder das andere nicht ausreicht, stehen die Chancen schlecht, dass die Kraft für die großen Aufgaben einer Freundschaft reicht. Zum Grundgefühl von Freundschaft gehört, dass man sich mit dem anderen nicht langweilt.

Das hört sich simpel an. Aber jemanden zu finden, auf den das zutrifft, ist meist gar nicht so einfach. Man muss die Person ja nicht nur finden. Man muss sie auch erkennen. Und dann fängt erst die ganze Arbeit an. Damit der Ballen vielleicht irgendwann Blüten hervorbringen kann.

4
THEMEN

Letzte Woche ist Bell gestorben, und ich erfuhr es nur durch Zufall. Eine schwere Krankheit. Ich hatte davon nichts gewusst, und es hinterlässt mich in einem seltsamen Vakuum. Bell war einmal wichtig gewesen. Eine Freundin, die mich in einer Phase der Veränderung ein Stück begleitete. Als die Gewässer ruhiger wurden, verlor sich unser Kontakt. Doch ihre Adresse übertrug ich immer noch in jeden neuen Kalender. Ich parkte sie in einer Warteschleife. Nun ist sie tot, mit 46.

Wann habe ich Bell zum letzten Mal gesehen? Es muss vor fünf Jahren gewesen sein. Zufällig trafen wir uns in der Drehtür eines Flughafens und fielen uns lachend in die

Arme. Wie geht es dir? Woher kommst du? Was hast du vor? Spontan lud ich sie zu der Party ein, die ich zwei Wochen später gab. Und Bell kam tatsächlich. Eigentlich kam Bell immer, wenn man sie einlud. Man lud sie bloß oft nicht ein. Denn eigentlich wusste nie jemand, ob Bell gerade in der Stadt war. Das ist eines der großen Rätsel, die sie umgaben. Man konnte nie genau sagen, wo sie gerade war und was genau sie eigentlich tat. Bell war Aktivistin, engagiert für eine gerechtere Welt. Sie fuhr zu Konferenzen, auf denen Anliegen von politischen Splittergruppen verhandelt wurden, deren verästelten Positionen zu folgen ich keine Energie aufbringen mochte. Und Bell war ein Mensch, der nie jemandem eine Diskussion aufgenötigt hätte.

Zum ersten Mal hatte ich sie auf dem Gymnasium gesehen. In einem pädagogischen Theaterstück, mit dem die älteren Schüler uns Neuankömmlingen die Schulhofregeln vorführten, spielte Bell ein Mädchen, das geschubst wurde und dabei seine Brille verlor. Doch kennengelernt habe ich sie erst viele Jahre später. Die Schule war inzwischen beendet, ich lebte in die Tage und feierte viel. Mit einem Freund beschloss ich, nach Berlin zu reisen, das uns wild und verheißungsvoll erschien. »Meldet euch doch bei Bell«, meinte jemand. Sie, erfuhren wir, bewohnte dort inzwischen als Austauschstudentin eine riesige Flucht aus Altbauzimmern und sei sicher bereit, uns aufzunehmen. Weil wir uns nicht trauten, unser Anliegen vorab bei einem Telefonat zu schildern, beschlossen wir, einfach anzureisen und sie dann vor Ort zu überfallen. An einem bitterkalten Morgen schleppten wir unser Gepäck in eine Eckkneipe in der Nähe ihrer Adresse und riefen sie an. »Wir sind zufällig in Berlin. Wollen wir uns mal treffen?«, fragten wir so beiläufig wie möglich. Am Ton ihrer Stimme war nicht zu erkennen, ob Bell wusste, wer wir sind. Sie habe gerade recht viel zu tun an der Uni, aber in den nächsten Tagen ergäbe sich vielleicht etwas. Wo wir wohnen, wollte sie wissen. »Äh, eigentlich noch nirgends«, drucksten wir und fragten sie schließlich, ob wir eventuell bei ihr unterkommen könnten. Nüchtern nannte sie uns den Namen an der Klingel, sie erwarte uns in zehn Minuten. Eilig schleppten wir unsere Taschen in den vierten Stock, wo sie uns ungerührt begrüßte. So lernte ich Bell kennen. Die Wohnung war tatsächlich gigantisch, uralte Öfen konnten die kaum möblierten Räume fast nicht wärmen. Kohlen waren teuer und sollten sparsam verwendet werden, wie sie uns freundlich bat. Mein Begleiter und ich tauchten sofort in die Stadt ab, wir berauschten uns am günstigen Alkohol und an der Aufregung und dachten gar nicht daran, für die weiteren Tage eine andere Bleibe zu suchen. Bell nahm es hin und schien von unserer verwegenen Lebenslust amüsiert. Nach zwei Tagen beschlossen wir, dass auch sie ein wenig Aufregung gebrauchen könne und uns begleiten solle. Ihre halbherzigen Hinweise, dass sie für die Uni lernen müsse, schoben wir beiseite. Papperlapapp. Lernen kann man immer. Leben ist jetzt. Und so schleppten wir die Politaktivistin in illegale Technoschuppen und flamboyante Schwulenbars und wischten jeden Widerstand entschlossen zur Seite. Bell fügte sich ohne großen Widerstand. Sie schien das Sichtreibenlassen zu genießen wie wir. Mit dem Unterschied, dass sie morgens aufstand und zur Uni ging, während wir uns verkatert auf unseren Matratzen umdrehten und erst gegen Mittag dankbar feststellten, dass sie den Badeofen für uns eingeheizt hatte, bevor sie gegangen war.

Der Abschied war dann warm und aufrichtig. Natürlich würde sie im Gegenzug auch in unserer Stadt ein Bett finden, wenn sie dort mal wieder zu tun habe. Ich erinnere mich, dass sie ein paar Jahre später zu einer Weihnachtsfeier in die kleine Wohngemeinschaft kam, wo ich inzwischen lebte. Aus dieser Zeit stammt mein einziges Foto von ihr. Bell sitzt in unserer winzigen Küche, die Weingläser sind fast leer, die Dessertschalen ausgelöffelt. Zur Feier des Tages hatte sie einen Pullover aus glänzendem Garn angezogen und ihre Lider in derselben Farbe geschminkt. Sie war keine der Frauen, die großen Wert auf Äußerlichkeiten legen, aber sie würdigte die schönen Momente. Das wird mir heute klar. Damals habe ich zu wenig darauf geachtet. Ich habe mich auch nicht gefragt, warum Bell, deren Eltern in derselben Stadt wohnten, an diesem Feiertag kurzfristig eine Einladung annehmen konnte und scheinbar keine anderen Verabredungen hatte.

In den Jahren darauf blieb unser Kontakt lose, aber anhaltend. Ein paarmal besuchte ich sie noch in Berlin. Auf Bells Telefon, das zu beantworten sie mich bat, gingen jeden Tag Dutzende Anrufe ein. Immer ging es um Treffen, Demonstrationen, Schriften oder Projekte. Nie fragte jemand, wie es ihr gehe, was sie so tue, ob man sich mal zum Essen treffen wolle. Das kam mir damals nicht merkwürdig vor, aber heute gibt es mir einen Stich. Später, als ich längst selbst in Berlin lebte, rief ich sie noch hin und wieder an. So oft war sie eigentlich gar nicht weg. Tatsächlich waren Verabredungen mit Bell einfach. Sie war anspruchslos in der Wahl der Orte und schnell zufrieden, wenn ein Lokal nicht zu teuer und mit den öffentlichen Verkehrsmitteln zu erreichen war. Sie schlug selbst auch Kneipen vor. Ihre Kenntnisse der Stadt waren immens, aber nie drängte sie ihre Favoriten auf. Bereitwillig gab sie Auskunft, wenn man sie nach ihrem Leben fragte. Aber nie fragte sie selbst. Nie rief sie selbst an. Nie machte sie selbst einen Schritt. Das muss es gewesen sein, warum ich irgendwann aufhörte, mich um Bell zu bemühen. Wir mochten uns, aber irgendwie fanden wir keine gemeinsamen Themen. Es gab nichts, was uns beide gleichermaßen interessierte. Ein anderer Grund fällt mir nicht ein. Etwa ein Jahr lang hat sie mit dem Tod gerungen. An dem Krankenhaus, in dem sie lag, muss ich in dieser Zeit mehrfach vorbeigegangen sein. Noch immer stand ihre Adresse in meinem Kalender. Nur gemeldet habe ich mich nie.

5
ABRUPT

»Als Monika plötzlich den Kontakt abbrach, war das wie Liebeskummer für mich«, hat Ines gestern gesagt. Nach Jahren der Freundschaft hatte ihre beste Freundin plötzlich nichts mehr mit ihr zu tun haben wollen, und Ines hatte keine Ahnung, wieso. Erst viel später, bei einem zufälligen Zusammentreffen, erklärte die andere dann den Grund für den Rückzug: Bei einem ihrer Telefonate, als Monika gerade wieder einmal wegen eines Mannes in großer Gefühlsnot gewesen sei, habe Ines überhaupt nicht zugehört. »Ich habe mich von dir total im Stich gelassen gefühlt«, habe Monika gesagt. Der Umstand, dass Ines sich selbst damals gerade von einem Partner getrennt und, unerwartet von einem neuen Gefährten schwanger, auf eine Blitzhochzeit mit diesem eingelassen hatte – das alles schien Monika nicht als mildernd gelten lassen zu wollen. Bisher war es für die impulsive Frau immer selbstverständlich gewesen, dass die eher besonnene Ines ein offenes Ohr für ihre Wirrnisse hatte. »Umgekehrt war es auch meist nicht nötig gewesen«, sagt Ines heute über die Balance dieser Freundschaft. Heute, fast zehn Jahre später – und noch immer mit dem Kindsvater glücklich verheiratet – sei sie über den abrupten Bruch hinweg. »Aber es hat noch jahrelang wehgetan.« Als besonders schlimm habe sie empfunden, dass Monika den Kontakt nicht sofort nach dem für sie offenbar so enttäuschenden Telefonat abkühlen ließ. Sondern dass die beste Freundin danach noch monatelang tat, als ob alles in Ordnung sei. Bevor sie dann radikal einen Schlussstrich zog. »Ich habe deshalb die ganze Zeit überhaupt nicht wahrgenommen, dass sie so unzufrieden mit mir war«, sagt Ines. »Auch nicht, dass für Monika offenbar unsere Freundschaft nicht mehr wichtig genug war, um einmal das offene Gespräch zu suchen. Und an dieses elende Telefonat kann ich mich überhaupt nicht erinnern.«

Ungefähr zu 150 Personen kann ein Mensch stabile soziale Beziehungen unterhalten. Das hat der britische Anthropologe Robin Dunbar in den 1990er Jahren herausgefunden. Alles darüber überfordert mutmaßlich unser Gehirn. Der an der Universität von Oxford forschende Dunbar ist einer der ersten Wissenschaftler, die sich mit den physischen Voraussetzungen für unser Sozialverhalten beschäftigten. In einer bahnbrechenden Studie untersuchte er die Größe der Gehirne von Primaten und setzte sie in Verbindung zur Größe der sozialen Gruppen, in denen sie lebten. Diese Korrelation übertrug er auf die Gehirnkapazitäten des Menschen und entwickelte daraus die sogenannte »Dunbar-Zahl« von 150. Sie bezeichnet die Anzahl der Personen, mit denen man in anhaltendem zwischenmenschlichem Kontakt stehen kann, so lose oder eng er im Einzelfall sein mag. In einem amerikanischen Fachblatt publizierte Dunbar 2013 eine neue Studie, für die er mit Kollegen die Anzahl und spezifische Art von Beziehungen unter Berücksichtigung der modernen sozialen Netzwerke und Kommunikationsmethoden untersucht hatte: »Wir kombinierten die Mobilfunkdaten der Versuchspersonen mit den Ergebnissen einer persönlichen Befragung der Probanden. Damit konnten wir nachweisen, dass die soziale Signatur eines Menschen – das Interaktionsmuster mit Freunden und Familienmitgliedern – bemerkenswert gleichbleibend ist«, heißt es in der Studie. Darin wurden 24 Schulabgänger untersucht, die gerade den Übergang an die Universität vollzogen und sich dadurch in einer Phase des persönlichen Umbruchs befanden. Zunächst befragten die Forscher ihre Probanden nach deren eigener Beurteilung ihres persönlichen Netzwerks: Wer war wichtig? Mit wem wurde am intensivsten und über welche Kanäle kommuniziert? Parallel dazu werteten die Wissenschaftler die Telefontätigkeit der Probanden aus: Mit wem wurde vor allem über Textnachrichten kommuniziert? Mit wem wurde wie viel persönlich gesprochen? Wer wurde sofort zurückgerufen, wessen Anrufe verspätet beantwortet oder gar ignoriert? Unter den modernen Kommunikationsmitteln fordern Telefonate die höchste Investition in punkto Zeit, Konzentration und Exklusivität der Aufmerksamkeit. Die Gunst des Telefongesprächs wird meist nur denen gewährt, die einem wirklich nahestehen. In ihrer Untersuchung machten die Forscher eine interessante Entdeckung: Auch wenn sich das Netzwerk – etwa durch neue Bekanntschaften an der Uni – zahlenmäßig vergrößerte, blieb die Anzahl der engen Kontakte stabil. Es wurden nicht mehr Telefongespräche und intensive Konversationen geführt als vorher. »Unsere Resultate legen nahe, dass die menschliche Fähigkeit zu intensiven emotionalen Verbindungen beschränkt ist«, schlussfolgern die Wissenschaftler. »Und zwar sowohl aufgrund begrenzter Zeit als auch, weil das emotionale ›Kapital‹, das Einzelpersonen unter Familienmitgliedern und Freunden verteilen können, begrenzt ist.« Daran ändern scheinbar auch die Möglichkeiten der modernen Kommunikation nichts. Sie haben keinen Einfluss auf die Begrenztheit unseres Gehirns.

Vielleicht lassen sich mit dieser Begrenztheit ein paar abrupte Brüche erklären. Auch das fast unmerkliche Ausdünnen mancher Kontakte. Wenn immer nur ein bestimmtes Maß an Beziehungen intensiv bewirtschaftet werden kann, müssen Freundschaften nach Priorität geführt werden. Doch wie entscheidet man bei den unendlichen Kontaktmöglichkeiten, welche Freundschaften wirklich wichtig sind, welche ins Zentrum des eigenen Lebens gehören? Wie entscheidet man, ob eine langjährige Freundschaft sich in einer neuen Lebensphase erschöpft hat oder ob man sie nur ein bisschen aufmöbeln muss, damit sie auch in den nächsten Jahrzehnten noch trägt?

6
VERWITTERUNG

Viele Freundschaften habe ich selbst abreißen lassen. Hin und wieder kam es auch vor, dass mir eine Freundin nicht mehr auf Anrufe antwortete oder mich mit Terminen vertröstete, bis ich begriff, dass ihr nicht mehr genügend daran lag. Aber häufiger war und bin ich es wohl, die sich irgendwann entzieht. Es ist keine angenehme Vorstellung, ein Mensch zu sein, der andere mit offenen Fragen zurücklässt. Und doch ist es in manchen Situationen das Einzige, was stimmig ist. Es ist eine intuitive Entscheidung, der oft ein langes Grübeln vorangeht und ein schlechtes Gewissen folgt. Wie soll man erklären, warum ein Interesse nicht mehr da ist? In der Liebe gibt es dafür die Floskel »Es liegt nicht an dir, es liegt an mir«. Jeder, der sie schon einmal gehört hat, weiß, wie schal sie einen wegstößt, wie perfid sie einem einen Teil der Atemluft entzieht, aber nicht genug, um wirklich zu ersticken. Wie weh sie tut, wie hilflos und ohne Kraft sie einen hinterlässt. Während man, das ist das Schlimmste dran, gleichzeitig ahnt, dass es meist die Wahrheit ist. Man hört in diesem Satz das Knacken einer umgestellten Weiche. Den Hinweis, dass der andere in eine andere Richtung will. Für die Suche nach einem Partner ist dieses schmerzhafte Knacken ein sinnvolles, weil unmissverständliches Signal. Es sagt, dass die Gefühle für eine exklusive Beziehung nicht ausreichen. Für eine Freundschaft hingegen ist diese Floskel viel zu sperrig, zu eindeutig, zu pauschal. Aber was soll man sonst sagen? »Du, ich interessiere mich einfach nicht mehr genügend für dich«? Oder noch wahrer und noch brutaler: »Wenn ich mit dir zusammen bin, interessiere ich mich nicht mal mehr für mich selbst«? Diese Grausamkeit bringen zum Glück nur wenige auf. Und doch war genau das meist die Wahrheit, wenn ich irgendwann einer Frau die Reste einer Freundschaft entzog, die, wohl von uns beiden unbemerkt, verwittert war.

Mit Nora ging ich irgendwann nur noch Kaffee trinken. Mit Irit konnte ich mich plötzlich nicht mehr auf Stücke einigen, wenn wir zusammen ins Theater wollten. Mit Malin konnte ich mich bei den letzten Treffen nur noch mit Mühe für ein paar wenige Stunden nicht genervt fühlen. Die ersten paar Male hatte ich meine Ungeduld jeweils nicht bemerken wollen, die Gereiztheit weggeredet, die sich plötzlich zwischen mich und die Frauen stellte, mit denen ich mich seit Jahren regelmäßig traf und die ich selbstverständlich als Freundinnen bezeichnete. Als Malin in einer Mail wiederholt eine lustig gemeinte Bemerkung über eine Diskussion machte, die wir einmal geführt hatten, platzte mir der Kragen und ich antwortete viel grober, als es der Bemerkung angemessen gewesen wäre. Denn eigentlich ging es um etwas anderes. Es ging darum, dass es viel leichter war, mich gegen die Anspielung in der Mail zu wehren als gegen das diffuse Gefühl von Überdruss, das sich nach vielen harmonischen Jahren plötzlich eingestellt hatte. Wohl ging es auch um das Gefühl einer unbestimmten Schuld, die ich empfand. Weil ich mich, nach vielen ruhigen Jahren, plötzlich zu verändern begann und mich aus einem Leben schälte, in dem ich mich nicht mehr zu Hause fühlte. Ein Leben, in das der Kontakt mit Malin sich angenehm eingefügt hatte. Einmal schlug ich ihr noch vor, einen Kunstmarkt am anderen Ende der Stadt zu besuchen, den ich zufällig entdeckt hatte. Sonst gingen wir seit Jahren meist am Nachmittag spazieren, um danach irgendwo Kaffee zu trinken, immer säuberlich darauf achtend, dass das Lokal nicht zugig war, denn das vertrug Malin überhaupt nicht. Zu meiner Überraschung war sie mit meinem Vorschlag einverstanden, und ich spürte sofort einen Schwall neuer Energie. Doch dann war ihr alles zu viel. Die Musiker, die am Rand des Marktgeländes sangen, waren ihr zu laut, die Menschen, die zwischen den Ständen schlenderten, zu zahlreich, das Gelände zu entlegen, und überhaupt – »Nächstes Mal gehen wir dann wieder bei mir in den Park, ja?«. Es war, als hätte sie mir eine Tür vor der Nase zugeschlagen. Sofort war die schlechte Laune wieder da. Gleichzeitig schämte ich mich dafür. Denn tatsächlich kam die Änderung unserer Routine ja von mir und war für Malin nicht zwingend.

»Viele Beteiligten bedauerten, dass eine Freundschaft

zerbrochen war und wünschten, sie hätten sich aktiver um die Fortführung bemüht«, schrieb die kanadische Freundschaftsforscherin Beverley Fehr in ihrem Buch *Prozesse der Freundschaft*. Die Mechanik des Scheiterns haben sie und ihre Kollegen in vielen Studien untersucht. Antworten haben sie nur wenige gefunden. Wie bemüht man sich aktiv um eine Freundschaft, wenn der Drang dazu nicht mehr von alleine kommt? Wie erkennt man, ob die Unlust, den anderen anzurufen, aus der Erschöpfung des Alltags kommt, aus einem verdrängten Konflikt oder aus Unzufriedenheit mit dem eigenen Leben? Wie unterscheidet man, ob das schale Gefühl nach einem Treffen nur vorübergehende Ermüdung ist oder ein Hinweis, dass eine Freundin an Priorität verliert? Wie erkennt man unter all den Anforderungen des Alltags und den unzähligen Verpflichtungen, ob eine Freundschaft noch selbständig atmet oder schon an der eisernen Lunge der Gewohnheit hängt?

Eine lebendige Freundschaft braucht Themen. Und wenn sie zu bröseln beginnt, braucht sie Mut. Sie braucht den Mut zu fragen: Was sind meine Themen? Was beschäftigt mich wirklich? Reicht die Zuneigung noch aus, um es mit der anderen zu teilen, um ihr ein neues Thema wenigstens vorzubringen? Ist die andere bereit, diese Kurve mit mir zu nehmen? Reicht ihr Interesse an mir dafür aus? Auf diese Fragen kann die Wissenschaft keine Antwort geben. Denn es sind keine Fragen an die Vernunft. Es sind Dinge, die jeder Mensch mit dem Herzen entscheiden muss und nach seinem eigenen ehrlichen Gefühl.

7
ABENTEUER

»Meine beste Freundin hat sich mit einem Mann eingelassen, von dem sie besessen ist, und nun hat sie keine Zeit mehr für mich.« Das schrieb vor ein paar Jahren eine Fragestellerin an den amerikanischen Schriftsteller und Kolumnisten Cary Tennis. Als eine Art Kummerkastenonkel beantwortete Tennis viele Jahre lang in einem amerikanischen Online-Magazin Lebensfragen. Der Kalifornier eroberte seine Fans mit der Eigenart, Ratschläge immer aus seiner persönlichen Lebenserfahrung und seinen Erlebnissen als ehemaliger Punkmusiker und trockener Alkoholiker herzuleiten. »Ich mag deine Frage«, antwortete Tennis. »Sie handelt von Dingen, die schwer zu lernen und oft nur unter Schmerzen zu akzeptieren sind.« Dann führte er aus, was für ein schlechter Freund er selbst sei. »Ich bin so gedankenlos und ich-bezogen! Ich habe keine Zeit für meine Freunde! Ich habe so viele andere Dinge im Kopf! Ich bin besessen von meiner ›Arbeit‹. Und sogar, wenn mich jemand mal zum Abendessen oder wenigstens zu einem Mittagessen überredet, oder auch nur dazu, irgendwo gemeinsam was zu trinken, schaue ich ständig auf die Uhr; ich denke über einen Text nach oder über ein Lied. Darum ist das mein Neujahrsvorsatz: Ich werde ein besserer Freund. Passt auf, die ihr mit mir befreundet seid! Ich komm' vorbei. Ich stehe bei euch vor der Tür! Ich werde bei euch im Garten rumlungern! Ich werfe Steinchen an eure Fenster!«

Denn das, schreibt Tennis, sei im Herzen seine Vorstellung von Freundschaft. »Sie hat sich herauskristallisiert, als ich 12 war. Mit 12 wusste ich, wie man Freunde hat: Man fuhr zusammen mit den Rädern rum, spielte mit Sachen und redete. Manchmal schlich man sich nachts zu Hause weg. Man erlebte Abenteuer. Man erforschte Zeugs; ein altes Boot, einen Sumpf, einen Wald. Man fing kleine Insekten und guckte sie sich genau an. Das war ein Freund. Was ist ein Freund heutzutage? Keine Ahnung! Jemand, mit dem man Abendessen geht? Ich hasse Abendessen! Abendessen macht keinen Spaß! Abendessen ist das, wofür man das Spielen unterbrechen und nach Hause gehen muss! Abendessen ist das, womit dein Kumpel gerade beschäftigt ist und weswegen er nicht zum Spielen rauskommen kann! Warum gehen immer alle Abendessen? Ich will kein Abendessen! Ich will mit dem Boot rausfahren! Abendessengehen ist zu erwachsen. Ich will Sitzsäcke und eine Schaukel auf der Veranda. Ich will Chips und Gummibärchen, Tröten und Hüte aus Papier. Ich will Kuchen und einen Kreischanfall.«

Diese Antwort erinnert mich an etwas, das ich schon

allzu oft vergessen habe. Etwas, das vielleicht zum Mitgrund wurde, warum ich selbst lange Zeit eine miserable Freundin war. Ich verbarg mich selbst in einer falschen Vorstellung vom Erwachsenenleben. Ich dachte, die Dinge, die Spaß machen, auch die Dinge, die Angst machen, die Abenteuer, die Wagnisse, das, was Kraft kostet und einen verwirren kann, hätte darin keinen Platz mehr. Ich ging stattdessen mit meinen Freundinnen Kaffee trinken oder in eine Ausstellung, die uns beide nur mäßig interessierte. Die Themen, die mich wirklich beschäftigten, die Unternehmungen, auf die ich wirklich Lust hatte, vermied ich mit ihnen so lange, bis ich mir selbst alt, müde und verbraucht vorkam, obwohl ich mich doch eigentlich viel zu sehr schonte. Bis es mir schon zu anstrengend erschien, eine Freundin zu treffen, um mit ihr den aktuellen Stand unseres Erwachsenenlebens zu erörtern. Die Antwort des Kolumnisten erinnert mich daran, dass Leben mehr mit Abenteuer zu tun hat als mit Alter, dass man auf Abenteuer nicht einfach verzichten kann, ganz egal, wie groß oder klein diese im Einzelnen sind. Dass sich ein Abenteuer ebenso als täglicher Wirbel eines Familienlebens zeigen kann, als herausfordernde Umschulung wie auch als plötzlich aufkommende Sehnsucht, in der Porzellanmalerei sein künstlerisches Potential zu entwickeln, oder in der Erkenntnis, der Welt eine neue Rosenzüchtung schenken zu können oder sich ins Handwerk der Hexenkunst einweihen lassen zu wollen. Abenteuer bedeutet nicht die Flucht aus einem erwachsenen Alltag. Es bedeutet, die eigenen Leidenschaften in diesem Alltag nicht zu unterschlagen. Und auch nicht das eigene Straucheln. Das Leben wird schal, wenn man nur noch Gewohnheiten pflegt, statt sich die eigenen Leidenschaften zuzumuten. Freundschaften werden schal, wenn man sie nur noch mit Gewohnheiten füttert, statt einander die Themen zuzumuten, die einen wirklich bewegen.

Auch die Schweizer Boulevardzeitung *Blick* hat einen Ratgeberkolumnisten. Der Zürcher Schriftsteller Thomas Meyer beantwortet die Fragen der Leserinnen und Leser aus einer leicht philosophischen Perspektive. »Wie beendet man eine langjährige Freundschaft mit Stil?«, wollte jemand im April 2016 von ihm wissen. »Wenn sich Ihnen diese Frage stellt, handelt es sich mit Bestimmtheit nicht um eine Freundschaft, sondern lediglich um eine Bekanntschaft«, antwortet Meyer weise. »Niemand will eine echte Freundschaft beenden, denn diese ist ebenso selten wie wertvoll.« Damit hat er auch angedeutet, wo sich vielleicht der geheime Wegweiser befindet, mit dem man erkennt, welche Menschen in Wahrheit die besten Freunde sind oder wenigstens das Potential dazu haben. Nicht die, von denen man annimmt, dass man sie im Notfall nachts um drei anrufen könnte. Das tut man ja sowieso fast nie. Sondern diejenigen, denen man an einem ganz normalen Dienstagnachmittag die wirklich wichtigen Themen zumuten möchte. Die, denen man in drängender Ungeduld als Ersten von einem Kummer oder auch einem Glück erzählen will. Die, bei denen man sich mit seinen Gefühlen auch in der Not zu Hause fühlen kann, in einem übertragenen, nicht im konkreten Sinn. Denn das ist vielleicht überhaupt der wichtigste Punkt: dass eine beste Freundin kein Ersatz ist für einen Partner, mit dem man die Dinge des Lebens teilt. Sondern ein Außenposten, der einem ermöglicht, sich selbst auch noch in einem anderen Spiegel zu sehen als nur in dem, der zu Hause von Zahnpasta bespritzt im Familienbadezimmer hängt.

8
LATEX

Als Oriana mit den Latexklamotten anfing, hat Lotta noch gelacht. »Ein wenig seltsam fand ich es schon, dass sie nun plötzlich freiwillig solche Kunststoffsachen anzog. Früher war sie immer eher der hanseatische Luxustyp«, sagt sie. Einmal ging Lotta dann sogar mit Oriana zu einer Fetischparty in einem Club und tanzte die ganze Nacht in einem hautengen Plastikschlauch. »Ich habe noch nie in meinem Leben so geschwitzt.« Den Ausflug in diese ungewohnte Welt mit den merkwürdigen Regeln fand Lotta nicht uninteressant. Doch sie war davon auch längst nicht so fasziniert wie Oriana. Diese war kurz zuvor eine Beziehung mit einem Mann eingegangen, der sich auch tagsüber gerne am Halsband von ihr durch die Gegend führen ließ. Diese Verbindung löste sich bald wieder auf, doch Oriana blieb der neuen Szene treu. Von einer Erbschaft kaufte sie sich ein Pferd und begann kurz darauf, auch Männer gegen Geld in einem Dominastudio mit der Gerte zu behandeln. »Dann bekam sie auch im Alltag plötzlich so einen zackigen Ton«, sagt Lotta. »Und dafür hatte ich nun wirklich keinen Bedarf.« Ein paarmal trafen sich die Frauen noch, aber bald war beiden klar, dass sich ihre Wege nun trennen würden. Eine Weile hat Lotta sich noch Vorwürfe gemacht, ob sie sich zu wenig auf die neuen Bedürfnisse von Oriana eingelassen hatte, oder ob sie vielleicht deren radikale Veränderung mehr hätte hinterfragen müssen. Aber Oriana hatte Gespräche dieser Art immer abgelehnt. »Eigentlich hatte ich den Eindruck, sie erwartet von mir einfach, dass ich entweder diesen Weg mit ihr mitgehe oder sie in Frieden lasse«, sagt Lotta heute. Vor ein paar Wochen hat sie Oriana das letzte Mal bei einer Bekannten getroffen und nur kurz gegrüßt. »Und ganz ehrlich: Ich war darüber nicht sehr traurig.«

In der Studie über die »Beständigkeit sozialer Signaturen in menschlicher Kommunikation«, in der Robin Dunbar 2013 die Netzwerke von Personen in der Übergangsphase von Schule zu Universität untersuchte, zeigte sich, dass sich an der absoluten Anzahl der engen Kontakte in Zeiten des Umbruchs nichts änderte. Wohl aber an der Zusammensetzung des Freundeskreises: Bereits nach einem halben Jahr hatten die Probanden über 40 Prozent ihrer wichtigsten Freunde ausgetauscht. Mit den engsten Freunden kommunizierten sie noch gleich viel wie zuvor. Aber hinter den am häufigsten gewählten Nummern waren andere Leute. »Wenn Menschen den Wunsch haben, neue Personen zum Kreis derjenigen hinzuzufügen, mit denen sie am intensivsten in Kontakt stehen, müssen sie bestehende Kontakte in der Priorität herabstufen (oder aufgeben)«, schreiben die Forscher in der Schlussfolgerung der Studie. Nur an den Rändern des Netzwerks, so scheint es, ist genügend Platz für alle. Rund 1500 Bekannte sammelt ein Mensch im Durchschnitt in seinem Leben an. Ungefähr 50 davon haben das Zeug zu Freunden, ungefähr 15 davon sind irgendwann »gute Freunde«. Ganz nah am Herzen wird es eng. Nur ungefähr fünf Leute haben dort gleichzeitig Platz, das stellte Robin Dunbar in früheren Arbeiten fest. Neue Freundschaften verdrängen alte Freundschaften. Wenn eine neue Freundin dazukommt, muss eine andere wegrücken. Das ist nicht Untreue und Wankelmut, sagt die Wissenschaft. Das ist Hirnforschung.

Olivia war überrascht, als ich ihr zum ersten Mal vorschlug, uns einmal abends zum Tanzengehen zu treffen anstatt tagsüber zum Spazieren. »Ich war schon ewig nicht mehr tanzen«, sagte sie erstaunt und willigte ein. Ich hatte selbst nicht geahnt, wie groß das Geschenk war, das sie mir damit machte. Es hat unsere Freundschaft verändert. Immer noch gehen wir zusammen ins Museum oder Kuchen essen, wie früher. Aber zuweilen sitzen wir nun auch bis morgens um vier in verrauchten Bars, betrinken uns oder suchen die Tanzfläche und teilen die Wachheit der nächtlichen Stunden. Etwas, das für mich immer wichtiger geworden ist. Ich habe es Olivia anvertraut, und sie hat es angenommen und mit Sorgfalt behandelt. Mehr noch: Sie ist bereit, es mit mir zu teilen und selbst Vergnügen daran zu finden. Es ist, als ob wir unserer Freundschaft damit ein paar neue Räume hinzugefügt hätten. Räume, in denen ich mich zu Hause fühlen kann. Auch Olivia hat ein paar neue Räume eröffnet und vertraut mir nun neue Facetten von sich an. Neulich spazierten wir durch einen uralten Park, als sie plötzlich stehenblieb, um dem Gesang eines Vogels zu lauschen. Dann sah sie sich suchend um, bis sie den Urheber entdeckte. Eine Welle von Begeisterung lief über ihr Gesicht; »eine Haubenmeise!« Trotz der vielen Jahren unserer Freundschaft und der vielen Spaziergänge, die wir schon unternommen haben, hatte ich bisher nicht gewusst, dass Olivia Vogelstimmen auseinanderhalten kann. Ich hatte keine Ahnung, welche Freude ihr das macht. Und auch nicht, welche Freude ihre Freude mir.

9
HAUSRAT

Zurzeit gibt es mehrere Frauen, von denen ich das Gefühl habe, dass wir uns gerade anfreunden. Da ist Alice, mit der ich vor einer Weile nach einer Veranstaltung ins Gespräch kam, als wir beide gleichzeitig nach dem letzten Glas Weißwein am Buffet griffen. Da ist Sherry, mit der ich beruflich zu tun habe und beim Smalltalk zufällig feststellte, dass wir beide gerne laute Musik hören. Da ist Carlotta, der ich auf eine Online-Anzeige im Internet schrieb, in der sie etwas vollständig anderes suchte als das, was ich jemals bieten könnte. Als ich mich mit dem Surfen durchs Internet eine Weile vor meinem Arbeitspensum drückte, war ich in einem entlegene Winkel des Netzes auf ihr Inserat gestoßen. Irgendetwas in der Art, wie sie ihr Anliegen formulierte, sprach mich an, und ich schrieb ihr, dass ich neugierig sei und sie gerne kennenlernen würde. Sie schrieb zurück, und bald darauf trafen wir uns zum ersten Mal zum Kaffee. Gestern tranken wir zusammen Wein, und sie erzählte von ihrem Leben und von den Träumen, die sie noch hat und die mir Mut machen. Bei all diesen Frauen weiß ich noch nicht, wohin unsere Bekanntschaften führen. Jede von ihnen habe ich schon einige Male wiedergesehen, und mit jeder von ihnen ergaben sich interessante Gespräche und lustige Abende, gemeinsame Interessen und immer auch Begegnungen mit Lebensweisen und Gewohnheiten, die sich von meinen unterscheiden. Gerade genug, dass sie mich herausfordern, aber nicht genug, dass sie mir allzu fremd sind. Noch ist nur wenig Vertrautes in unseren Gesprächen, noch versickern viele Anspielungen, zerbröckeln Witze, weil die andere sie nicht versteht oder nicht lustig findet. Noch bestehen große Teile der Gespräche darin, einander die wichtigen Teile des eigenen Lebens zu erzählen, die Beziehungen, die Reisen, die Sehnsüchte. Noch gibt es kaum Gespräche über Alltägliches, noch ist man viel zu vorsichtig und will alles richtig machen, einen guten Eindruck hinterlassen, weiß nicht, ob die andere lieber asiatisch isst oder auf keinen Fall Fleisch oder bloß kein Lokal, wo schon je eine Zigarette geraucht wurde. Noch ist alles neu, und oft ist es ermüdend.

Ich nehme diese Mühen auf mich und investiere die viele Zeit in diese neuen, noch unsicheren Bekanntschaften, weil ich diese Zeit gerade habe. Weil ich gerade alleine lebe und Beziehungen zu Freundinnen mehr brauche als zu der Zeit, wo ich in einer engen Partnerschaft war. Ich weiß noch nicht, wohin das führt, und ich weiß auch nicht, ob ich die Mühe noch aufbringen würde und wollte, wenn ich weniger Ressourcen hätte. Doch im Moment hat mir das

Leben diese unerwartete Erfahrung zugespielt, und ich nehme die Herausforderung an. Eine Sache wird mir dabei immer klarer: Ich habe Freundschaften nicht nur austrocknen lassen, weil es in der Freundschaft selbst Gründe dafür gab. Ich habe in meinem Leben in Zeiten, wo ich gesättigter war, auch ziemlich viele Möglichkeiten für Freundschaften ausgeschlagen, weil es für mich so bequemer war. Weil in den Jahren der sicheren Beziehung mein Interesse an Herausforderungen nachgelassen hatte. Weil ich mir die Mühe nicht mehr machen wollte. Weil ich dachte, ich bin ja mit Nähe und Freundschaft genügend versorgt.

Eine Erhebung der amerikanischen Non-Profit-Organisation »Lifeboat«, die sich dem Ziel der Freundschaftspflege widmet, hat 2013 ergeben, dass drei Viertel aller erwachsenen Amerikaner mit dem Zustand ihrer Freundschaften »unzufrieden« sind. Vor allem die Altersgruppe zwischen 40 und 60 fühlt sich mit den Kontakten, die weder durch Arbeit noch durch romantische Motive geformt werden, »unsicher«. Gleichzeitig gaben 80 Prozent der Befragten an, selbst ein »guter Freund« zu sein. Irgendetwas scheint hier nicht zusammenzupassen, das legt diese Untersuchung nahe. Es hat etwas mit den eigenen Erwartungen zu tun. Und auch mit der Bereitschaft, Mühe auf sich zu nehmen. Wir scheinen zu erwarten, dass Freundschaften einfach vorhanden sind, als Teil des emotionalen Hausrats, der sich irgendwann in ausreichender Menge angesammelt hat und der mit einer geringen Pflegeroutine zufrieden ist. Doch darin liegt vielleicht ein Irrtum. Freundschaften, so scheint es mir, sind eher wie

Glühbirnen im Haus. Einige halten über Jahrzehnte, andere müssen unerwartet oft ausgetauscht werden. Was sind die Regeln, damit eine Freundin eine Freundin bleibt? Ich habe nicht die geringste Ahnung. Aber ich weiß, dass mein Verhalten etwas damit zu tun hat. Jedenfalls ein bisschen.

Kurz nach meinen 46. Geburtstag, seit knapp einem Jahr als Single lebend, würde ich nicht unterschreiben, dass es »sehr schwierig« sei, im Erwachsenenalter neue Freunde zu finden. Aber ich unterschreibe, dass es anstrengend ist. Dass es überhaupt kein Vergleich ist zu der Zeit der Kindheit oder Jugend, als jeder Lebensweg noch gleich einladend und offen vor einem zu liegen schien und man nicht glaubte, mit Kräften haushalten zu müssen. Doch eigentlich ist es auch schöner. Denn die Zwänge und die Ängste des Schulhofs haben ihre Macht verloren. Am besten gefällt mir die Erkenntnis, dass bei allen Befürchtungen und Fehlern, bei allen Versäumnissen und Niederlagen der Vergangenheit die Fähigkeit zum Schließen neuer Freundschaften offenbar nicht abhandengekommen ist. Dass sie vielleicht sogar mit den Jahren noch gewachsen ist. Die ganze Stadt ist heute mein Schulhof, so kommt es mir an manchen, optimistischen Tagen vor, und an jeder Ecke kann ich Frauen sehen, die mir sympathisch erscheinen, die ich interessant finde, mit denen ich gerne ein paar Worte sprechen würde, um herauszufinden, ob wir uns vielleicht miteinander gut verstehen könnten. Noch immer traue ich mir das längst nicht jedes Mal zu. Aber mit der Übung wird es leichter. Und es tut überhaupt nicht weh.

10
SCHULTERSCHLUSS

Die Begegnung war unerfreulich und völlig unerwartet. Auf dem Weg zur Garderobe in einem Jazzlokal traf ich auf Q., mit dem mich für ein paar Wochen eine intime Bekanntschaft verbunden hatte. Bevor sie höchst schmerzhaft endete, jedenfalls für mich. »Ich komme gerne zu dem Konzert«, hatte ich Deborah eine Woche zuvor gesagt, als sie sich dort verabreden wollte. »Außer wenn Q. auftaucht, dann gehe ich woanders hin.« Den habe sie da noch nie gesehen, versicherte Deborah. Doch er war da. Nach ein paar Sekunden hatte ich meine Fassung wieder und konnte ihn nach ein paar kalten Worten stehen lassen, verdattert und erschrocken, wie mir schien. Dann stapfte ich zitternd zur Bar, wo Deborah zufällig auf eine Bekannte gestoßen war, die ich nur flüchtig kannte. »Du wirst nicht glauben, wen ich gerade getroffen habe«, platzte ich in ihr Gespräch und leerte meinen Wein mit einem Zug. Sofort unterbrachen sich die Frauen und wandten sich mir zu. Aufgebracht schilderte ich die Begegnung und auch, dass

Q. in Begleitung einer Frau war. Die Freundin von Deborah wusste sofort, was zu tun war. »Ich geh' mal gucken, mich kennt er nicht.« Sie ließ sich eine kurze Personen- und Platzbeschreibung geben und zog los, während Deborah die Worte fand, die mich davon abhielten, nochmal wutschnaubend hinzugehen, um Antworten zu fordern, die Q. mir meiner Meinung nach schuldig geblieben war. Nach ein paar Minuten kam die Freundin wieder. »Da läuft nichts. Die Frau sitzt ganz weit von ihm weg, Arme verschränkt und Beine überschlagen. Er labert auf sie ein, und sie will gehen.« Der Bericht gefiel mir. »Es war doch der Typ, der aussieht wie ein Frosch?« Ja, der war es. Eine Weile war die Sache noch Thema. Nach und nach beruhigte ich mich. Die beiden Frauen taten mir gut. Die Köpfe zusammengestreckt, besprachen wir ausführlich seine Schäbigkeit und die Armseligkeit seiner Taten. Auf die beiden Frauen war Verlass. Sobald er in Sichtweite kam, weil er an der Bar eine Bestellung aufgab, informierte mich Deborahs Freundin. »Guckt extra her, sieht, dass wir über ihn reden, fühlt sich total unwohl.« Deborah lachte extra laut und warf ihm einen verächtlichen Blick zu. Irgendwann drehte die Freundin nochmal eine Runde und kam mit der Nachricht zurück »Er ist gegangen.« Wir waren drei Frauen Mitte 40 und verhielten uns wie mit 15. Das tat gut. Auch der Schmerz, den Q. mir bereitet hatte, unterschied sich nicht von dem mit 15. Spät in der Nacht, als ich im Bett lag, war die ungute Begegnung zu einem Triumph geworden. Ich hatte in dieser Situation nicht alleine bestehen müssen. Deborah und ihre Freundin hatten sofort den

Kreis um mich geschlossen. Ich stand für einen Moment wieder unter dem Schutz eines Jagdgeschwaders. Die Details meiner Geschichte waren für die anderen dabei gar nicht so wichtig. Sie erkannten die Situation im Ganzen richtig, sie wussten sofort, in welchem Stück wir gemeinsam auftraten: verletzte Frau trifft unerwartet auf Mann, der gemein zu ihr war und kein Schuldbewusstsein zeigt. Das muss gerächt werden. Eine Standardsituation weiblichen Lebens. Fast jede Frau hat in solchen Stücken schon mitgespielt, in den unterschiedlichsten Rollen.

Was zu tun ist, hängt in einer solchen Situation davon ab, welchen Part man gerade innehat. Die meisten Frauen wissen sofort, welches Verhalten von ihnen in einer solchen Situation gefragt ist. Die beste Freundin spendet persönlichen Trost für die Geschädigte. Die Neue übernimmt die Spionage im Feindeslager. Alle zusammen teilen sich die demonstrative Häme für den Übeltäter: spöttische Blicke, verächtliches Schnauben, halblaute Beleidigungen. Doch wichtig ist vor allem der gemeinsame Schulterschluss, das kurzzeitige Abschirmen der Geschädigten, der Schutz gegen den momentanen Feind. Es sind soziale Verhaltensweisen einer weiblichen Gruppe, die man als Mädchen meist auf dem Schulhof lernt und im Laufe der Jahre immer wieder übt. Es ist die Fähigkeit, einer anderen Frau im Notfall rasch eine Verbündete zu sein. Das Beherrschen der Verhaltensmuster zählt dabei mehr als die Frage, wie gut man die andere überhaupt kennt oder ob man wirklich befreundet ist. Das Beistehen in Liebeshändeln ist ein unspezifischer Akt der Freundschaft. Für Frauen untereinander gehört diese Fähigkeit – und die Bereitschaft dazu – zum sozialen Kapital. Natürlich sind solche Schauspiele auch eine Möglichkeit, ohne allzu großen inneren Aufwand am Drama der anderen teilzuhaben. Und die Verbindungen untereinander ohne viel Mühe zu stärken. Eine Art freundliches Lausen gegen Liebeskummer. Beides ist enorm wirkungsvoll. Mit Freundinnen, die einem im Notfall beistehen, kann man eine Niederlage in einen sozialen Triumph verwandeln. Das ist ein typisches Mädchengefühl. Ein sehr gutes Gefühl. Eines, das offenbar auch mit Mitte 40 noch einwandfrei funktioniert.

11
SEX

Mehr als die Hälfte der Frauen, die das Institut für Demoskopie in Allensbach 2014 für die repräsentative Studie »Freunde fürs Leben« befragte, gab an, mit ihrer besten Freundin manchmal »recht unverblümt« über das andere Geschlecht zu reden. Was genau »unverblümt« heißt, wird allerdings nicht näher definiert. Geht es dabei vorwiegend um frivole Späße und anzügliche Witze? Um die Attraktivität vorbeilaufender Männer, um Einzelheiten der eigenen Liebesbeziehung, vielleicht um Probleme? Um eigene Erfahrungen und Vorlieben, um Wünsche, um Ängste? Geht es um die intimeren, auch schamvolleren Fragen insgesamt? Geht es um Sex?

Die vier Freundinnen aus »Sex and the City« konnten darüber so munter schnattern wie über neue Schuhe oder einen Kinofilm. In der amerikanischen Fernsehserie »Girls«, die ab 2012 von einer etwas jüngeren Frauengruppe erzählt, die ebenfalls in New York lebt, werden intime Erfahrungen nicht nur selbstverständlich thematisiert, sondern explizit dargestellt. Für die Protagonistinnen findet Sex nicht stilisiert und in der glamourösen Ästhetik eines Softpornos statt, wie zuweilen noch in »Sex and the City«. Auch ist er nur selten vertraut oder gar romantisch. Im Gegenteil. Das Personal von »Girls« vögelt verkrampft und ungeschickt, peinliche Missverständnisse und unangenehme Zwischenfälle sind eher Regel als Ausnahme. Insgesamt erscheint das Liebesleben als ungefähr so kompliziert und verwirrend, wie es auch in der Realität meistens ist. Jedenfalls außerhalb einer ehelichen Routine. Die Serie, mit der die damals 26-jährige Schauspielerin und Medienunternehmerin Lena Dunham bekannt wurde, entfachte durch diese Realitätsnähe eine geradezu kathartische Wirkung für das Publikum. Endlich mal jemand, der sagt, wie es ist. Damit man sich selbst nicht als Einzige immer so saublöd vorkommt.

Ich spreche mit Freundinnen immer noch selten über

Sex. Und auch nur mit einigen. Es fing damit an, dass G. mir eröffnete, ihr Partner habe den Wunsch geäußert, mit ihr einen Swingerclub zu besuchen und sie wisse nun nicht, was sie davon halten solle. Weil sie den Gedanken gleichermaßen absurd wie interessant findet. In den Jahren davor wäre mir ein solches Bekenntnis wohl unangenehm gewesen. Zu viel intime Information, mit der ich nichts anzufangen wusste. Vielleicht auch ein Thema, das mich zu direkt mit meinen eigenen Unsicherheiten konfrontiert hätte. Es hätte wohl relativ zügig weggewitzelt werden müssen. Doch dann gab es die Arbeitskollegin, die erzählte, dass ihr Mann schon seit Jahren immer neue Ausreden findet, um keinen Geschlechtsverkehr zu haben. Die Freundin einer Freundin, glückliche Familienmutter, die völlig überraschend mit ihrer Friseurin geschlafen hatte und sich nun mit der Erkenntnis quälte, dass ihr Sex mit einer Frau besser gefällt als mit jedem Mann. Diese Dinge waren zu grundsätzlich, um sich nicht zu fragen, was man selbst in dieser Situation tun würde. Zu intim, um dabei nicht auch über sich selbst zu reden. Und zu wichtig, um sie in einer Freundschaft zu verschweigen. Und sie machen im ersten Moment so viel befangener als all die anderen Bereiche der Körperlichkeit, die ganzen Diäten und Unzufriedenheiten, über die man fast beiläufig spricht. In kaum einer anderen Frage ist man so verletzlich wie beim Reden über das eigene Begehren und Begehrtwerden. Darin kommen Körper und Seele, Selbstbild und Außenwirkung zusammen wie nirgendwo sonst. Wenn man über Sex redet, muss man, buchstäblich, die Hose herunterlassen. Und das macht immer noch fast so verlegen wie in der Pubertät, als die ganze Sache begann.

Als Teenager war Sex unter meinen Freundinnen kein großes Thema. Natürlich ging es in diesen Jahren darum, wer »es« schon getan, schon mit einem Jungen geschlafen hatte. Aber das wurde in kurzen Anspielungen geklärt und allenfalls in kichernden Andeutungen präzisiert. Es ging um Erlebnisse, nicht um Gefühle. Wohl war mit diesem Thema niemandem. Zu unsicher kam einem das alles noch vor. Zu individuell die Erfahrungen, zu persönlich oft die Emotionen, die damit verbunden waren. So blieb es viele Jahre. Intime Themen waren nicht tabu. Aber sie standen nie im Fokus. Wenn doch, wurden sie schnell und sachlich abgehandelt. Eine ungewollte Schwangerschaft, die heimlich zustandegekommen war und unauffällig abgebrochen werden musste. Die nur mit kargen Worten angedeutete Affäre, die eine Freundin mir gestand, um sicherzugehen, dass ich ihrem Partner gegenüber für eine Weile als Ausrede fungierte, wenn sie sich mit ihrem Liebhaber traf. Doch dabei wäre mir nie in den Sinn gekommen, sie zu fragen, wie der Sex mit dem anderen ist, was ihr dabei besser gefällt, warum sie den anderen ihrem Partner vorzieht. Nicht nachzufragen erschien mir damals als Akt der Freundschaft und Diskretion. Vielleicht fürchtete ich mich auch vor den Antworten. Denn dann hätte vielleicht auch ich über mich und meine Beziehungen sprechen müssen. Heute bin ich neugieriger. Ich habe weniger Scheu, die Erfahrungen der anderen mit meinen zu vergleichen. An der Fähigkeit, beim Thema Sex nicht auszuweichen oder es, wenn es ansteht, selbst anzusteuern, bemerke ich heute, wenn sich die Beziehung zu einer Freundin vertieft. Ich bemerke es an meiner und ihrer Bereitschaft, einen anfänglichen Moment der Überforderung auszuhalten. Es ist eine neue Bereitschaft, manchmal stockend und verkrampft, ängstlich oder verlegen Dinge zu erzählen, die erzählt werden wollen. Etwas zu teilen, das mehr als alles andere eigentlich nur mir selbst und vielleicht einem Partner gehört. Nur für wenige Frauen ist Sex ein Thema, das mit den Jahren aus freien Stücken in den Hintergrund gerät, weil es scheinbar ideal gelöst oder wirklich unwichtig geworden ist. Häufiger ist es ein Bereich, den man verdrängt, weil man hofft, dass er sich verdrängen lässt. Doch das tut er eigentlich nie. Sex ist ein Thema, das lebenslang gefährlich bleiben kann. Darüber unverblümt zu reden ist ein Weg, ihm zu begegnen. Denn die Gefahr ist auch daran mit Abstand das Interessanteste. So wie bei fast jedem anderen Abenteuer auch.

12
WERT

»Es ist mir so egal, ob du mich regelmäßig anrufst oder nicht«, sagt Viola zu ihrer Freundin Paula. Die beiden kennen sich seit den ersten Schuljahren und könnten nicht verschiedener sein. Paula ist im Management einer Unternehmensberatung tätig und hat drei halbwüchsige Kinder mit ihrem Mann, der, ebenfalls vollzeitig, als Chirurg arbeitet. Die freien Stunden, die sie pro Woche für sich selbst hat, lassen sich an einer Hand ohne Finger abzählen. Viola lebt als freischaffende Künstlerin von einer Erbschaft, reist auf der Suche nach Inspiration durch die Welt und ist seit ewiger Zeit Single. Wenn sie etwas hat, ist es Zeit und Kraft. Spätestens, seit Beruf und Familie Paulas Alltagstakt vorgeben, ist es Viola, die sich um die Pflege der Beziehung kümmert, die ihrer Freundin Mails schreibt, Textnachrichten und Ansichtskarten schickt – und nicht enttäuscht ist, wenn diese meistens unbeantwortet bleiben. »Denn ich weiß einfach, dass Paula da ist, wenn es wichtig ist. Ich weiß einfach, dass ich im Notfall mitten in der Nacht bei ihr klingeln könnte und Aufnahme fände. Ich weiß einfach, dass ich Paula wichtig bin, auch wenn wir uns nur selten sehen.« Als Viola vor kurzem für ein Stipendium die Einschätzungen ihrer Freunde über ihre Persönlichkeit benötigte, bat sie auch Viola um ein paar Stichworte zu ihren Eigenschaften. »Mitten in der Nacht schrieb sie mir eine dreiseitige Mail, in der sie sich detailliert mit mir auseinandersetzte«, sagt Viola. »Niemand anderes von meinen Freunden hat sich diese Mühe gemacht, obwohl die alle viel mehr Zeit haben.« Natürlich ist auch sie immer für ihre Freundin da, daran erinnere sie diese immer wieder, sagt Viola. »Neulich hat sie es zum ersten Mal in Anspruch genommen.« Sowohl Paula als auch ihr Mann waren beruflich im Ausland und die Großmutter der Kinder, die sonst viele Aufgaben übernimmt, ebenfalls abwesend. »Da rief Paula an und fragte, ob ich am nächsten Tag spätabends ihre Kinder nach einer Schulreise vom Bahnhof abholen und nach Hause bringen kann.« Eigentlich habe diese Aufgabe überhaupt nicht in ihre Pläne gepasst. Aber sie hätte es schäbig gefunden, die Freundin im Stich zu lassen. »Das war eine schöne Erfahrung, mal auf diese Art in die Familie integriert zu sein. Davon hätte ich gerne noch mehr.«

Viola muss lange nachdenken, was es eigentlich ist, das ihre Freundschaft mit Paula trotz der wenigen gemeinsamen Zeit und der völlig unterschiedlichen Alltagsleben schon seit fast vier Jahrzehnten am Leben hält. »Erst dachte ich, es sei unsere Ähnlichkeit. Aber das ist es eigentlich nicht. Das war vielleicht mal in der Schule. Da dachten viele, wir wären Schwestern oder Cousinen.« Auch die Interessen können es nicht sein, denn da gibt es nur noch wenige Überschneidungen. Die gemeinsamen Jahre, die geteilten Erinnerungen? Die spielen vielleicht manchmal eine Rolle. »Aber eigentlich sind das nur ein, zwei Sätze. Wenn man sich nur jedes Vierteljahr mal zum Abendessen trifft, kann man nicht den ganzen Abend nur über die Schulzeit sprechen.« Irgendwie, sagt Viola, müssen es die gemeinsamen Werte sein, die die beiden Frauen verbinden. Beide glaubten sie an Tugenden wie Verlässlichkeit, Treue und Verbindlichkeit. Auch wenn sie sie in ihrem Leben fast schon absurd gegensätzlich ausleben, so sind es doch Eigenschaften, die für beide Frauen eine zentrale Rolle spielen. »Irgendwie sind wir uns in den grundsätzlichen Fragen des Lebens einfach einig, darüber müssen wir gar nicht diskutieren«, sagt Viola. Das sei es eigentlich, was ihr Vertrauen in die Freundin immer lebendig gehalten habe – und auch die Zuneigung zu ihr. »Es ist irgendwie so, als ob Paula einen Teil von mir auslebt. Ohne dass wir das je ausgesprochen haben.« Irgendwie, sagt Viola, könne sie sich in der vielbeschäftigten Familienmutter Paula spiegeln, obwohl sie selbst ein völlig anderes Leben führe. »Und vielleicht ist es umgekehrt sogar auch so.« Bevor sie ihren Berufsweg einschlug, hatte Paula den Traum gehabt, als Entwicklungshelferin nach Südamerika zu gehen, ein Land, das Viola häufig bereist.

Ähnlichkeit ist ein zentraler Zement in einer Freundschaft. Aber nicht immer muss es die oberflächliche, vielleicht manchmal auch narzisstische Spiegelung sein, die einen zur anderen hinzieht. Bei einer Verbindung, die scheinbar sehr gegensätzliche Menschen verbindet, kann es auch eine Ähnlichkeit sein, die auf den ersten Blick verborgen bleibt und weit unter der Oberfläche wirkt. Es lohnt sich, diesen Dingen auf die Spur zu kommen, wenn man Menschen trifft, die eine Bedeutung haben. Es lohnt sich manchmal auch, Mühe in Kauf zu nehmen, um diese Ähnlichkeit zu entdecken. Und auch, ihr einen Platz im Alltag freizuräumen. Nicht alle Freundschaften müssen alltagstauglich sein, um zu bestehen. Themen können auch da sein, ohne ständig diskutiert zu werden. Wichtig ist nur, dass man sie teilt – und das voneinander weiß. Es zählen nicht nur Themen. Es zählen auch Werte. Auch diese können das Fundament einer Freundschaft sein. Und sie benötigen weniger Alltag.

Womit ich nicht gerechnet habe, ist, wie sehr mir Bell, jetzt wo ich sie nie mehr sehen werde, fehlt. Wie ich durch den Stadtteil fahre, den wir gemeinsam bewohnten, und sich immer wieder, scheinbar jedes Mal stärker, der Impuls meldet, sie jetzt sofort anzurufen und zu fragen, ob sie sich spontan mit mir treffen mag. Wie ich plötzlich einen enormen Drang habe, sie jetzt gleich zu sehen, zu hören, wie es ihr so ergangen ist in der ganzen Zeit und was sie treibt. Seit einiger Zeit ist diese Sehnsucht jeweils für ein paar Sekunden absurd stark, bis mir mit einem Schlag in die Magengrube klar wird, dass dieses Treffen niemals mehr stattfinden wird. Dass sie einfach gegangen ist. Dass Bell für immer weg ist, obwohl sie doch noch in meinem

Adressbuch steht. Dass Bell einfach gestorben ist, bevor ich endlich herausfinden konnte, was uns eigentlich verbindet. Und bevor ich einen Weg gefunden habe, ihr zu zeigen, dass ich sie wirklich mag.

LEA:
PAUSE

Ein Sommer und ein halber Winter sind vergangen seit der letzten Großen Versöhnung. Jetzt sitze ich im Zug neben Lea und bin mir ziemlich sicher: Irgendetwas stimmt nicht mit uns.

Die letzten Monate waren schön, wie immer nach der Großen Versöhnung. Vorsichtig haben wir uns wieder aneinander herangetastet. Viele Male haben wir uns gesehen, telefoniert, geschrieben. Es gab so viel nachzuholen. Manche Erzählungen stockten kurz. »Warst du da nicht dabei?«, gefolgt von einem kurzen Zögern. »Ach so«, sagt dann eine von uns, fast etwas befangen. »Das war, als wir gerade keinen Kontakt hatten.« Vor einer Woche saßen wir in einer Bar und erzählten uns von Dingen, die wir voneinander noch nicht wussten. »Hast du Zigaretten?«, fragte Lea plötzlich mit blitzenden Augen, und weil ich verneinte, kauften wir am Tresen kichernd ein Päckchen. Noch nie hatten wir bisher über Männer geredet, über Liebe, über Kummer, den sie uns brachten. Seit wir uns kannten, war jede von uns mit einem Mann zusammen, die ganzen Jahre, auch vorher schon, es schien, als gäbe es darüber nichts mehr zu erzählen. Doch auch sie hatte ein Leben davor, und in ihren Erzählungen stieg vor meinen Augen eine romantische junge Frau auf, die dramatische Abenteuer erlebt hatte. Selbst musste ich an diesem Abend nicht lange in die Vergangenheit sehen, um Schmerz zu finden. Eine kurze Liebschaft hatte gerade geendet. Auch sie hat Lea und mich wieder näher zusammengebracht. Wenige Wochen nach der Großen Versöhnung hatte ich gefragt, ob ich mich ihr anvertrauen dürfe, als einer, die mich am längsten kennt. Sie sollte mir sagen, wie eine Geschichte, die ich zu erzählen hatte, einzuschätzen sei. »Willst du, dass ich dir sage, was du hören willst, oder willst du meine wirkliche Meinung wissen?«, fragte sie, nachdem ich ihr von den Ereignissen einer Nacht berichtet hatte. Das war ein neuer, schroffer Ton an Lea, und ich war mir zuerst nicht sicher, ob darin Sorge um mich oder ein Angriff lag. Ich entschied mich für die Sorge und bat sie um ihre wahre Meinung. Zum ersten Mal in den 20 Jahren unserer Freundschaft konnte sie sehen, auf wie wackeligem Grund ich meistens stehe. Zum ersten Mal zeigte ich ihn ihr. Der Rat, den sie mir gab, war klar und wertvoll. Sie schätzte den Mann nicht hoch und konnte genau sagen, warum. Und doch verhielt sie sich in den Monaten danach wie eine Freundin und hörte sich meinen Kummer immer wieder an. Kein einziges Mal sagte sie »Das hätte ich dir gleich sagen können«, obwohl sie jedes Recht dazu gehabt hätte.

Nun sitzt sie neben mir im Zug, wir fahren durch eine

Ebene, die weit und reizlos ist, und irgendetwas hakt. Schon auf der Hinfahrt gestern, als sie zustieg, bemerkte ich das verschlossene Gesicht. Wir waren unterwegs zu einem Anlass, den gemeinsame Bekannte veranstalteten. Wir sollten etwas zum Unterhaltungsprogramm beitragen. Beide hatten wir spontan zugesagt. »Ich freue mich auf die Reise«, erklärten wir, fast gleichzeitig, und ich bot an, die Fahrkarten zu besorgen. Die Fahrt führte in eine Stadt, die sie gut kennt und ich so gut wie gar nicht. Einen Moment hatte ich überlegt, ob es sinnvoll sei, den Fahrschein so zu lösen, dass wir aneinander gebunden waren. Doch dann kam mir mein Zweifel kleinlich vor. In der Vergangenheit waren Reisen für uns immer schwierig gewesen. Einmal, in Belgien, hatten wir uns drei Tage nur gestritten. Eine Autofahrt ans Meer hatte zu einem Endgültigen Bruch geführt. Richtig wohl miteinander fühlten wir uns bisher immer nur, wenn wir ein Treffen jederzeit abbrechen und in wenigen Minuten nach Hause fahren konnten. Wenn wir sofort voneinander Abstand nehmen konnten. Doch jetzt war es ja nur für zwei Tage. Darum hatten wir diese Sitze gebucht.

»Ich bin müde«, hatte Lea beim Einsteigen zur Erklärung gesagt, ein langer Abend mit Gästen gestern. Ihre Gereiztheit füllte den Wagen. Das Rauchen neulich, das habe sie auch gestört, sagte sie plötzlich. Warum sagte sie das? Sie war es doch, die es wollte. Mir war wohl zu Hause, mit dem Rauch des schönen Abends in den Haaren, sagte ich. Umso größer die Lust auf die Dusche danach und die frischen Kleider am nächsten Morgen. Doch es ging nicht um Harmonie wie sonst, das spürte ich. Es ging um etwas anderes. »Ich will sowas nicht mehr«, sagte sie plötzlich. »Ich bin dafür zu alt.«

»Diese öde Gegend da draußen«, sagte ich irgendwann. »Ich werde ganz trübsinnig davon.« Lea stimmte halbherzig zu. Ja, die Stadt, in der wir wohnen, ist von einem leeren Landstrich umgeben, sie weiß, dass er mich nicht reizt. »Und dann noch dieser Nebel.« Vielleicht wollte ich im Meckern eine Verbindung zwischen uns schaffen, ich weiß es schon nicht mehr. Ohnehin funktionierte es nicht. So schlimm sei es gar nicht, sagte Lea müde. In der Nähe gebe es Orte, die seien wunderschön, zuweilen fahre sie zum Wandern dorthin, mit Freunden. Gerne hätte ich einfach Musik gehört und geschwiegen. Aber das traute ich mich nicht. Ich wollte Lea nicht vor den Kopf stoßen. Meine Frage, ob sie den Fensterplatz haben wolle, hatte sie verneint. So saßen wir nebeneinander, und ich hatte plötzlich Steine im Bauch. »Ich brauche einen Kaffee«, sagte ich. »Gleich am Bahnhof, ist dir das recht?«

Schön ist der Bahnhof, so schön, so gut gestaltet, Lea ist immer von Neuem davon begeistert. Sie liebt diese Stadt und auch den Bahnhof. Vielleicht ist es dann doch nicht so eine große Qual für sie, mit mir dort kurz einen Kaffee zu trinken, dachte ich. Ich spürte, dass sie unzufrieden war, doch ich wusste nicht, wieso, und sie würde es mir auch nicht sagen. Dazu kenne ich sie genau genug. Die Lava kocht noch nicht hoch genug. Ich konnte erst ahnen, wie es sich im Untergrund zu wellen begann. So war es früher immer. Doch heute soll es mit uns nicht mehr so sein. Wenn sie mit etwas nicht einverstanden ist, soll sie es mir sagen. Ich mag nicht mehr ihre Gefühle vorwegnehmen, nicht mehr, als es unbedingt nötig ist. Eigentlich möchte ich gleich ins Hotel, sagte sie, etwas ausruhen. Doch Einchecken war erst in zwei Stunden möglich. Noch eine halbe Stunde am Bahnhof, dann können wir die Angestellten vielleicht erweichen, dass sie uns früher in die Zimmer lassen, sagte ich. Dem Argument konnte sie sich nicht widersetzen, und so saßen wir nach dieser quälenden Fahrt eine Weile an zwei Tischchen in der Halle und bewunderten den Bahnhof und besprachen die Veranstaltung und unseren Beitrag dazu.

Das war alles gestern, und es wurde dann noch böse. Jetzt sitzen wir wieder im Zug, diesmal hat sie den Fensterplatz und die Fahrt geht zurück nach Hause. Seit mehr als einer Dreiviertelstunde haben wir nicht mehr gesprochen. Was ist passiert? Es sind so winzige Dinge, die aufzuschreiben fast ohne Sinn erscheinen. Wir konnten dann doch früher in unsere Zimmer und jede von uns verbrachte den Nachmittag allein, wie wir es geplant hatten. Dann besuchten wir den Anlass, sprachen strahlend mit allen, die wir kannten und trugen unseren Teil zum Programm bei. Wir spielten uns die Bälle zu, und die Gäste waren begeistert. Niemand hat wohl bemerkt, dass ich ihr am liebsten die Augen ausgekratzt hätte. Am Abend, auf dem Weg zum Veranstaltungsort, war sie mir dann doch an die Kehle gesprungen. »Warum bist du so nervös?«, fragte sie, als ich am Fahrkartenautomat die falsche Taste drückte. »Du bist schon den ganzen Tag total neben der Spur.« Ich versuchte zu widersprechen. Noch nicht einmal nervös war ich, anders als sonst, wenn ich mich vor fremden Leuten produzieren soll. Ich war nur einfach müde und betrübt, weil mein neues Leben mir immer noch manchmal fremd war und ich mich einsam fühlte, verloren in meiner Existenz. Doch Lea hatte sich festgebissen und ließ nicht mehr los. »Die ganze Fahrt über hast du gestänkert. Und dann das mit dem Rauch, nur um mich zu provozieren.« Mein Herz dröhnte wie eine Glocke unter der Wucht ihrer Feindseligkeit. Ich hatte keine Ahnung, woher sie kam. Es war mir auch egal. Ich wollte nicht mehr mit Lea diskutieren. Es hat keinen Sinn. Sie will nicht, dass ich ihrer Meinung bin. Der Angriff ist ihre Art, eine Grenze zwischen uns zu bringen, eine Distanz zu schaffen zwischen sich und mir.

»Ich will nicht, dass du noch einmal über mich schreibst«, hatte sie vor ein paar Wochen nach einem langen Spaziergang gesagt. »Ich weiß, dass unsere Freundschaft das nicht überleben wird.« Darüber war ich bestürzt. Schreiben ist mein Beruf, sie kennt sich damit aus, und die Dinge, über die man schreibt, kann man nur zum Teil selbst wählen. »Unsere Freundschaft ist für mich wichtiger als ein Buch«, war damals meine Antwort. Heute zweifle ich, warum ich das überhaupt sagte. Ich hätte mir gewünscht, dass diese Aussage stimmt. Ich wünsche es mir auch jetzt. Aber sie tut es nicht. Ich kann nicht über Freundschaft schreiben, über Freundschaft zwischen Frauen, ohne über Lea und mich zu schreiben. Ich weiß, dass sie das weiß. Sie weiß, dass ich das weiß. Schon am Abend erkannte ich, dass ich dieses Versprechen vielleicht brechen muss. Dass ich sie vielleicht verraten muss. Dass ich sonst mich verrate. Vielleicht zeigte Das Tatsächliche Ende Mit Lea an diesem Nachmittag zum ersten Mal sein Gesicht.

Das, was ich ihr zugestand, war die Wahrheit. Es ist auch jetzt die Wahrheit. Aber die Freundschaft selbst, die Freundschaft zu ihr hat die Bedeutung verändert. Freundschaft zu Lea bedeutet für mich nicht mehr, dass es nur um ihre Zufriedenheit geht. Es bedeutet auch, dass es um meine Zufriedenheit geht. Und meine Zufriedenheit bedeutet, dass ich frei bin in allem, was ich tue. In allererster Linie im Schreiben über das, worüber ich zu schreiben habe. Gelesenes und Geschriebenes hat Lea und mich zusammengebracht, und vieles wäre mir ohne sie nicht gelungen. Wir sind darüber Freundinnen und zeitweilig Feindinnen geworden. Wir haben uns überworfen und wiedergefunden, eins ums andere Mal. Und doch muss ich jetzt eine Grenze ziehen. Zwischen ihren Regeln und mir. Ich möchte Lea kein Unbehagen bereiten. Ich möchte ihr nicht wehtun und ich möchte nicht, dass sie mir zürnt. Aber ich möchte auch nicht mehr, dass sie mich zwingt, Dinge zu tun oder Dinge zu lassen, weil es in ihrer Macht steht, das zu tun. Ich möchte Lea in unserer Freundschaft treu sein und mir selbst in meinem Leben und auch in dem, was ich tue. Ich möchte Lea nicht verraten. Und doch, wenn es hart auf hart kommt, steht am Ende ein Verrat.

Nur noch ein paar Minuten, bis der Zug am Bahnhof einfährt. Wenn er hält, verabschiede ich mich zügig von ihr. Ein Sommer und ein halber Winter sind vergangen, und die letzte Große Versöhnung mit Lea liegt fast ein Jahr zurück.

Ist sie gelungen? Ist sie gescheitert? Zum ersten Mal in den fast zwanzig Jahren unserer Freundschaft weiß ich darauf keine Antwort. Ich brauche eine Pause. Unsere Freundschaft liegt auf Eis.

TEIL DREI

BILDNISSE DER FREUNDIN

1

NORMEN

Aus Büchern haben wir gelernt, was Freundschaft zwischen Frauen bedeutet. Und vom Fernsehen, vielleicht im Kino. Freundinnen sind Wesen, die alles miteinander teilen: Geheimnisse und Abenteuer. Ärger mit Eltern, Lehrern, Männern; Liebeskummer. Weihnachtsgeschenke: »Da lag obenauf der gleiche Stoff in Blassblau, wie sie ihn soeben in Rosa bei Ilse bewundert hatte«, heißt es in *Trotzkopf*. »Und wie sie nun weiter auspackten, jetzt eine jede ihre eigene Kiste, da hielten sie sich jubelnd stets die gleichen Herrlichkeiten entgegen. Bald war es eine gestickte Schürze, dann kamen feine Strümpfe an die Reihe und Handschuhe; sogar die Korallenkette, die schon lange ein sehnlicher Wunsch Ilses war, fehlte bei Nellies Bescherung nicht. Auch die vielen Leckereien waren gleichmäßig verteilt.« Der Klassiker der Mädchenliteratur erschien erstmals 1885 und wird bis heute aufgelegt. In einem Brief erklärt die Stiefmutter von Ilse deren bester Freundin Nellie den Grund für die unerwartete Gabe, die beide

Mädchen an Weihnachten im Mädchenpensionat erreicht. »Zwei Freundinnen müssen auch gleiche Freuden haben, und mit diesem Gedanken bitten wir Sie herzlich, den Inhalt der Kiste freundlich anzunehmen. Mit dem aufrichtigen Wunsch, dass Sie auch fernerhin unserer Ilse eine treue Freundin bleiben mögen.«

Die lebhafte Ilse, »Trotzkopf« genannt, kommt aus gutem Hause. Die kecke Engländerin Nellie ist verwaist und dadurch sozial abgeschlagen. Zusammen formen sie einen Prototyp weiblicher Freundschaft. Ihre Verbindung wurzelt in gemeinsam verbrachten Jugendjahren, hält ein Leben lang und überdauert Veränderungen der Lebensumstände ebenso wie räumliche Trennung und Schicksalsschläge aller Art. Sie übersteht auch die Ausbildung unterschiedlicher Werte und Überzeugungen. Während die aufbrausende Ilse sich in ihrer Ehe zur Frühform einer emanzipierten Gefährtin entwickelt, wird aus der aufgeweckten Engländerin nach der Heirat ein unterwürfiges Frauchen. Ein Verhalten, das Ilse immer wieder bemängelt, das aber nie zum Bruch führt.

Enge Freundschaft zwischen Protagonistinnen ist wichtiger Bestandteil von Mädchenliteratur. Die Art, wie sie beschrieben wird, hat neben dem unterhaltenden meist auch einen erzieherischen Aspekt. Und sie ist immer in die jeweilige Lebensrealität der potentiellen Leserin eingebettet. In den Backfisch-Erzählungen aus Trotzkopfs Zeiten stand die standesgemäße Ehe als unverrückbares Lebensziel im Zentrum eines Frauenlebens. Freundinnen wurden darum herum gruppiert. In den 1930er Jahren waren Freundinnenfiguren in solchen Geschichten durch Kameradschaft und Loyalität verbunden. Und oft auch durch die neu in Mode gekommene Sportlichkeit. Nach dem Zweiten Weltkrieg entstand eine eigene Kultur der Jugendlichkeit. Ein sanfter Hedonismus begann auch die Lektüre für junge Frauen zu färben. Noch immer strebten die Romanheldinnen dieser Jahre Heirat, Kinder und ein bürgerliches Leben an. Doch davor durften sie sich für ein paar Jahre in Maßen austoben und auch ein wenig gegen den Geschmack der Eltern rebellieren. Und sie bereisten zusammen die Welt. In den *Karen und Helga*-Romanen von Hildegard Diessel eroberten Mitte der 1960er Jahre »zwei deutsche Mädchen« gemeinsam London. In *Karrieremädchen* von Jörg Ritter schmuggeln sich die Heldinnen Sabine und Barbi 1970 sogar auf ein Schiff nach Amerika, um dort eine Karriere als Sängerinnen zu starten. In den 80er Jahren fand das Freundinnenpaar Emi und Tina in der gleichnamigen Reihe von Federica de Cesco einen Teil seiner Gemeinsamkeit im beruflichen Ehrgeiz als Journalistinnen. In den 90er Jahren zeigten *Die wilden Hühner* von Cornelia Funke einem etwas jüngeren Publikum, wie man sich als Mädchen ganz selbstverständlich mit einem umfassenden Selbstvertrauen ausstattet. Und in der erfolgreichen Kinofilmreihe »Bibi und Tina« behauptet sich die Heldin gemeinsam mit ihrer besten Freundin – und zwei Pferden – immer wieder aufs Neue gegen Bösewichte aller Art. Und zwar gerüstet mit den Superkräften einer jugendlichen Hexe. In all diesen Geschichten sind Freundinnen Figuren, die sich blind verstehen. Und die einander niemals, niemals verraten.

In den 1990er Jahren erlebte Unterhaltungsliteratur für Frauen einen Boom. Dort gelten die Regeln der Mädchenbücher auch für Erwachsene. Diese Romane erzählen meist von konsumfreudigen Singlefrauen in begehrenswerten Berufen, denen es jedoch am richtigen Mann mangelt, wodurch ihre Zufriedenheit unvollständig bleibt. Mithilfe von Freundinnen wird dem Liebesglück auf die Sprünge geholfen. Und in der Zwischenzeit ziemlich viel Prosecco getrunken. Ihre Heldinnen sind sympathisch, beliebt und dabei auf beruhigende Weise nicht ganz perfekt. Und sie haben mindestens eine beste Freundin. Freundinnen verleihen den Figuren in diesen Geschichten Glaubwürdigkeit. Gleichzeitig bewachen sie die Grenzen des Erlaubten. Die Protagonistin mag Würdenträger herausfordern, nach Selbstbehauptung streben oder sogar an Tabus kratzen. Solange die beste Freundin ein Abenteuer mitmacht, den Seitensprung deckt, eine Autorität mit in Frage stellt, weiß die Leserin, dass ein Weg gangbar ist. Erst wenn die Freundin nicht mehr mitzieht, betritt man verbotenes Gebiet. Diese Geschichten dienen gleichzeitig als Wunschzettel und Gebrauchsanweisung. Häufig wird schon in den Romantiteln das Wort »Prosecco« benutzt. So häufig, dass der Sprudelwein selbst zum Symbol für ein modernes weibliches, ziemlich schlichtes Freundschaftsideal geworden ist. Die selbständige, abgründige, anspruchsvolle Frau erscheint in dieser Genreliteratur ebenso wenig als Rollenvorbild wie die einsame Wölfin, die sich nur gelegentlich im Rudel blicken lässt. Die freche, ambitionierte, aber letztlich nicht aus der Gruppe und ihren Normen ausscherende Hauptfigur mit den vielen ebenso angepassten Freundinnen hingegen schon. Eingebettet in eine konfektionierte Verbundenheit von Frauen, die voneinander scheinbar nur eines wollen: zusammen giggeln und schluchzen, shoppen und billigen Schaumwein trinken. Eine solche Heldin mit einer solchen Entourage scheint Hauptzutat zu sein für einen erfolgreichen Titel. Es sieht aus, als wollten Millionen von Leserinnen so sein wie sie. Und gleichzeitig ihre beste Freundin.

2
PFURRI

»Welcher Spitzname gefällt dir besser?«, fragte Gisela im dritten Brief. »Sunny, Sue oder Pfurri?« Da hatten wir uns noch kein einziges Mal gesehen und auch nicht telefoniert. Die Sache mit den Spitznamen sei eine Idee ihrer Mutter, schrieb Gisela. Sie und ich waren einander über das Inserat eines Brieffreundeclubs in einer Jugendzeitschrift vermittelt worden. Sie schien ganz nett zu sein. Ein bisschen brav vielleicht, ihrer überexakten Handschrift nach zu urteilen, aber auch interessiert und freundlich. Bald fanden wir heraus, dass das Haus ihrer Eltern nur drei Dörfer von dem Ort entfernt war, wo unsere Ferienwohnung lag. Gisela schlug vor, dass wir uns in den Sommerferien dort treffen. Ihre Mutter bot an, Gisela mit dem Auto zu uns zu bringen und sie nach drei Stunden wieder abzuholen. In der zweiten Ferienwoche hielt dann pünktlich ein Wagen vor der Tür und Gisela stieg aus. Sie sah ziemlich genauso aus wie auf dem Passfoto, das sie dem zweiten Brief beigelegt hatte: blaue Augen, Pausbacken und Pferdeschwanz. Sie trug einen Glockenrock, den ihre Mutter genäht hatte, wie sie stolz erklärte, und ein T-Shirt mit Sonnenblumen. »Wir haben dich gleich erkannt«, sagte sie zur Begrüßung, und ihre Mutter nickte mit einem Gesichtsausdruck, den ich nicht deuten konnte. Auf dem Bild, das ich geschickt hatte, bauschten sich meine toupierten Haare asymmetrisch, und meine Augen waren mit Kajal umrandet. Dazu trug ich eine großgeblümte, graue Seidenbluse aus den 1950er Jahren, der erste Secondhand-Fund meines Lebens. Seit ein paar Monaten verwandelte ich mich in eine New Waverin. »Macht keine Dummheiten«, sagte Giselas Mutter, bevor sie sich auf den Weg machte. Gisela und ich aßen den Gugelhupf, den meine Mutter für uns gebacken hatte, und gingen dann in mein Zimmer, wo ich ihr meine Nagellacksammlung und meine Bücher und Kassetten zeigte. Gisela erzählte von ihren Meerschweinchen, von denen sie drei besaß, vom Chor, in dem sie sang und vom neuen Auto, das ihre Eltern nächstes Jahr kaufen wollten. Mich hätte eigentlich vor allem interessiert, welche Musik sie so hörte und ob sie schon mal in einen Jungen verliebt war. Aber das Thema ergab sich irgendwie nicht. Nach einer Stunde schlug ich vor, in das Kaufhaus an der Hauptstraße zu gehen. Es war die Hauptattraktion des Ortes, und ich fand dort eigentlich immer eine Kleinigkeit, die ich mir leisten konnte. Gisela war einverstanden. Im Kaufhaus schlenderten wir ausgiebig herum, und es schien ihr zu gefallen. Am Ende erstanden wir jede einen durchsichtigen Schal, sie in Hellblau, ich in Schwarz. »Bis bald!«, sagte sie zum Abschied, als ihre Mutter sie wieder abholte. Und: »Wir haben das mit den Spitznamen ganz vergessen.«

Doch dazu kam es dann nicht mehr. Ein paar Tage später bekam ich einen bedauernden Brief, in dem sie mitteilte, dass ihre Mutter der Meinung sei, ich hätte womöglich »keinen guten Einfluss« auf sie. »Der Einfluss von der Stadt ist zu groß«, erklärte sie in ihrer ordentlichen Schrift, und sie wünsche mir alles Liebe. Ich war erstaunt und etwas gekränkt. Aber gleichzeitig spürte ich auch zum ersten Mal einen seltsamen Mutwillen, der wohl daher rührte, dass mich offenbar jemand für gefährlich hielt. Das erschien mir, mit 15, als interessante Eigenschaft. Wenn auch als völlig an den Haaren herbeigezogen.

»Nicht alle Freunde haben einen heilsbringenden Effekt«, hieß es 2002 in einem Artikel im Medizinressort der *New York Times*. »Einige von ihnen lügen, beleidigen und betrügen. Einige sind übermäßig bedürftig. Einige geben zu viele Ratschläge.« Nachdem sich die Freundschaftsforschung zunächst vor allem auf die förderlichen Auswirkungen für Seele, Körper und Wohlbefinden konzentriert hatte, richtet die Wissenschaft das Augenmerk seit ungefähr 15 Jahren nun häufiger auch auf die Schäden, die falsch ausgewählte Freundschaften verursachen – sowohl seelisch als auch körperlich. Die negativen Auswirkungen von falschen Freunden auf die Gesundheit können dabei bereits in der Kindheit und Jugend auftreten. »Deshalb ist es wichtig, dass die Eltern einen guten Überblick über die sozialen Kontakte ihres Kindes haben – egal in welchem Alter«, sagte die Hamburger Kinderpsychotherapeutin Marion Pothmann 2012 in einem Interview mit der *Süddeutschen Zeitung*. Verursacht würden Schäden nicht unbedingt durch die Klassenrabauken mit dem antisozialen oder aggressiven Verhalten. Es könne etwa auch hinderlich sein, wenn ein schüchternes Kind sehr viel Freizeit mit einer sehr dominanten Gefährtin verbringe, erklärt die Psychologin. Manchmal würde ein zurückhaltenderes Kind dadurch »richtig klein gemacht«. Ihrer Meinung nach sollen Eltern darauf bestehen, alle Freunde der Kinder persönlich zu sehen. Wenn es sein muss, indem sie sie im Burgerrestaurant mit Wissen der eigenen Kinder vom Nebentisch aus heimlich beäugen. Das sei immer noch besser, als »aus Angst seinem Kind alles zu verbieten«. Die Variante, Jugendliche in einem gewissen Rahmen ihre Fehler selbst machen zu lassen, wird in dem Artikel nicht diskutiert. Mein jugendliches Ich hätte sich durch diese Art der Kontrolle schon aus Prinzip todsicher mit den verbotensten aller möglichen Freunde zusammengetan. Bei Gisela wiederum schien es zu funktionieren.

3
SCHADEN

Die amerikanische Medizinsoziologin Jan Yager von der University of Connecticut in Stamford hat in ihrer Forschung 21 Typen von »schädlichen Freunden« ausgemacht. Darunter sind Freunde, die Geheimnisse ausplaudern. Freunde, die Versprechen nicht einhalten. Freunde, die lügen oder einen ausnutzen. Freunde, die einem den Partner ausspannen. Freunde, die einen in kriminelle Aktivitäten verwickeln. In einem Interview mit der *New York Times* weist Yager 2002 zudem auf die Schädlichkeit von Freunden hin, die einen auf subtile Weise seelisch misshandeln. Sie nennt Freunde, die einen gezielt beleidigen. Freunde, die einen durch Liebesentzug oder Druck zu bestimmten Verhaltensweisen oder Entscheidungen nötigen. Sowie Freunde, die sich plötzlich und ohne Erklärung abwenden. »Emotionale Grausamkeit ist unter Umständen schwerer zu erkennen als physische Brutalität«, sagt die Forscherin. »Aber sie ist viel heimtückischer.« Als Beispiel führt sie jemanden an, der »eine Party veranstaltet und eine bestimmte befreundete Person nicht einlädt – aber dafür sorgt, dass sie davon erfährt«. Die Liste des Grauens geht noch weiter. Als ebenso schädlich gelten für die Soziologin, die zu dem Thema mehrere Bücher geschrieben hat, und für ihre Kollegen, »Freunde, die nie zuhören«. Und sogar Leute, die sich allzu oft zurückziehen und nur mit Mühe zum Kontakt bewegt werden können, richten nach Erkenntnis der Forscher im Leben ihrer Freunde Unheil an. Und zwar nicht nur seelisch. Sondern durch starken sozialen Stress auch ganz messbar für die Gesundheit.

2007 machte auch der amerikanische Soziologe Nicholas Christakis mit einer Gesundheitsstudie Schlagzeilen: »Dicke Freunde machen uns dick« stand 2012 dazu in der *Zeit*. Christakis, der in Harvard forscht, nutzt mit Vorliebe mathematische Daten zur Deutung sozialer Phänomene. Hier wertete er die Ergebnisse der sogenannten Framingham-Studie aus: Seit 1948 wurden körperlicher Zustand und Lebensumstände der Bewohner des gleichnamigen Städtchens an der amerikanischen Ostküste von Epidemiologen lückenlos erfasst. Körperliche und seelische Gesundheit wurden in direkte Verbindung zum sozialen Umfeld gestellt. Dabei zeigte sich, dass starkes Übergewicht in bestimmten sozialen Verbänden begünstigt oder sogar ausgelöst wird. Und zwar nicht in erster Linie durch Vererbung von Genen oder Ernährungsgewohnheiten. Sondern durch Freundeskreise. »Einen dicken Freund zu haben steigert Ihr Risiko, selbst Speck anzusetzen, um 57 Prozent«, sagte Christakis 2012 im Interview mit der *Zeit*. »Und zwar selbst dann, wenn er anderswo und in einem ganz anderen Milieu lebt.« Wenn man sich also gar nicht bei gemütlichen Abenden gemeinsam rund futtert. Viele der Untersuchten kannten sich nach Erkenntnissen der Wissenschaftler bereits, als sie schlank waren. Im Laufe der Freundschaft nahm dann »erst der eine, dann der andere« massiv an Gewicht zu, wie Christakis anhand der Daten herausfand. Der Soziologe erklärt diesen Umstand mit dem Einfluss, den befreundete Personen durch ihr gemeinsames Wertesystem aufeinander haben. »Warum sollten Sie sich zurückhalten, wenn Ihr Freund Ihnen unbewusst signalisiert, dass ein paar Pfunde mehr gar nicht so schlimm sind? Wie viel er selbst auf die Waage bringt, ist dann zweitrangig.«

Freunde sind die Menschen, die unsere Meinungen und Wertungen am stärksten beeinflussen. Das funktioniert auch für andere Themen als Gewicht und Lebensstil. Überzeugungen, Gewohnheiten und Ansichten verbreiten sich in einem Freundeskreis nach den Gesetzmäßigkeiten einer Epidemie, wie Christakis feststellte. Und zwar sowohl bei negativer wie auch bei positiver Grundeinstellung. Verbitterte Dauernörgler hängen ebenso zusammen und beeinflussen sich gegenseitig wie besonders glückliche und erfolgreiche Menschen. Aus dieser Erkenntnis lässt sich jedoch nur bedingt ein Rezept für die eigene Glückseligkeit durch den Umgang mit den richtigen Menschen ableiten. Und auch kein Regelwerk, wie man nützliche und passende Freunde zielsicher finden und schädliche sofort erkennen und meiden kann. Wie beim

Abnehmen, so funktioniere auch bei der Suche nach Glück keine Radikalkur, sagt Christakis. »Wenn Sie beschließen, einen beleibten Freund zu schneiden, nehmen Sie dadurch kein Gramm ab. Denn der Verlust einer Beziehung fördert ebenfalls das Übergewicht. Das konnten wir nachweisen.«

Freundschaft als Beziehung ist weder biologisch noch juristisch so vollständig abzugrenzen wie Mutterschaft, Geschwisterlichkeit oder Ehe. Im Vergleich zu diesen behält sie immer etwas Vages und Schillerndes. Freundschaft verändert und formt sich je nachdem, welche Lebensbedingungen für uns gerade gelten, welche Phasen wir gerade erleben, welche Wünsche und Ziele wir haben. Wir umgeben uns gerne mit Leuten, mit denen wir unser Bild von uns selbst leicht wiedererkennen. Doch nicht immer stimmt dieses Bild mit der Realität überein. Am Beginn jeder Freundschaft steht der Zufall eines Zusammentreffens, eines passenden Moments. Dann kommen das gegenseitige Interesse und die Frage, in welcher Facette des anderen wir uns spiegeln können. Davon hängt ab, ob wir uns aufeinander einlassen. Ob das Menschen sind, die uns auf Dauer schaden oder nutzen, ist wissenschaftlich nicht zu erforschen. Es gibt keine Regel, nach der eindeutig zu bestimmen ist, wie man im Dunstkreis einer bestimmten Person gedeiht. Denn es liegt vor allem an uns selbst, ob uns jemand als Freundin guttut oder schwächt. Daran, ob wir es zulassen. Und auch daran, ob und wann wir den Unterschied überhaupt erkennen.

4

HELL ON HIGH HEELS

Sich als Jugendliche mit seiner neuen allerallerbesten Freundin in einer Beziehung voller gekicherter Anspielungen, privater Regeln und nur miteinander geteilter Geheimnisse zurückzuziehen ist verwandt mit dem kindlichen Drang, sich gemeinsam in einer Baumhütte zu verschanzen und die Eltern auszusperren. Es dient der Bildung einer eigenen Identität. In der Pubertät kommt mit wachsender Selbständigkeit eine stärkere und unter Umständen auch zur Zerstörung neigende neue Energie dazu. Es ist die Energie der Selbstbehauptung und der Abgrenzung, die noch kaum gedrosselt wird durch eigene Verantwortung oder einen Berufsalltag, der einen Teil der täglichen Kraft aufsaugt. Die Hinwendung, manchmal auch die völlige Obsession mit einer Freundin, die die Eltern nicht gutheißen, kann ein erster Akt der Abnabelung sein. Oft noch ohne die Fähigkeit, sich selbst einigermaßen einzuschätzen. Darum finden in der Zeit der ersten ernsthaften Freundschaften manchmal böse Dummheiten statt. Später im Leben können Freundschaften zu einem sicheren Hafen werden. Doch zunächst einmal sind sie eine Einladung hinaus aufs offene Meer, mit all seinen Gefahren.

Das meiste davon geht glimpflich aus. Aber mit falschen Freunden kann alles das, was Eltern manchmal übermäßig befürchten, tatsächlich auch geschehen: Abkehr von den Idealen der Familie, Hinwendung zu inkompatiblen Meinungen, Geschmäckern und Lebensstilen. Ungesunde Ernährung. Ungewollte Haarfarben. Abbruch der Schule, Drogen, Kriminalität. Doch diese Stürme selbst zu meistern ist eine zentrale Aufgabe des Erwachsenwerdens. Irgendwann muss man ja schließlich auch die ein, zwei Menschen kennenlernen, aus denen dann im besten Fall tatsächlich die Freunde fürs Leben werden. Und dazwischen halt auch die, von denen man sich wünscht, sie nie getroffen zu haben.

1994 wurde die Schauspielerin Kate Winslet mit dem neuseeländischen Film »Heavenly Creatures« bekannt. Dieser erzählt eine wahre Geschichte aus dem Neuseeland der 1950er Jahre. Die beiden Teenager Pauline und Juliet sind Außenseiterinnen. Pauline, weil sie sich grimmig und aggressiv verhält. Juliet, gespielt von Winslet, weil sie als Neue aus England in die Klasse kommt, abgehoben und überheblich ist. Sofort finden die beiden Mädchen zusammen. Gemeinsam schwärmen sie für den Opernsänger Mario Lanza. Dann gleiten sie mehr und mehr in die wahnhafte Phantasie eines paradiesischen Königreichs hinein, zu dem nur sie Zugang haben und wo sie allmächtige Herrscherinnen sind. Ihre Freundschaft mit all ihren geheimen Ritualen und Zeichen wird zu einem hermetisch abgeschlossenen Raum, in dem sie sich vollständig aufeinander fixieren. Beide Elternpaare versuchen erfolglos, Abstand zwischen die Mädchen zu bringen. Als Juliet ohne Pauline nach Südafrika geschickt werden soll, beschließt Pauline, ihre Mutter zu töten. Gemeinsam mit Juliet lockt sie die arglose Frau in einen Hinterhalt, zusammen erschlagen sie sie mit einem Stein. Der Film endet mit Details zum wahren Fall. Beide Mädchen wurden wegen Mordes verurteilt, waren aber zu jung für die Todesstrafe und kamen nach fünf und 11 Jahren frei – unter der gerichtlichen Auflage, sich niemals wiederzusehen.

Eine nur wenig mildere Variante dieser Dynamik beschreibt die amerikanische Pornodarstellerin Jenna Jameson 2004 in ihrer Autobiographie *How To Make Love Like a Porn Star*. Nach einer instabilen Kindheit ohne Mutter in Las Vegas wird Jameson als Jugendliche mehrmals von Bekannten ihres vermeintlichen Freundes vergewaltigt. Zufällig entdeckt die eingeschüchterte junge Frau, dass es ihr ein Gefühl von Selbstbestimmung und Macht gibt, wenn sie als Stripperin auf einer Bühne tanzt – wo es den aufgereizten Männern streng verboten ist, sie zu berühren. Bei dieser Arbeit freundet sie sich mit ihrer Kollegin Nikki an, die eine ähnliche Herkunft hat. Zuerst geben sich die beiden Frauen in einer lesbischen Affäre Wärme und Trost. Bald wachsen daraus reine Freundschaft und blindes Vertrauen. Jetzt fallen sie nur noch auf der Bühne und andeutungsweise übereinander her – wissend, dass es das männliche Publikum anstachelt, ihnen Unmengen von Geld zuzustecken. Zum ersten Mal empfinden sie so etwas wie Stärke. Und bald auch immer mehr Zorn über ein Leben, das ihnen bis dahin jede Selbstbehauptung verweigert hat. »Wir waren wütend«, schreibt Jenna Jameson in ihrem Buch. »Wenn Männer uns nur mit Münzen bewarfen, traten wir nach ihnen.« Wer grabscht oder unflätige Dinge sagt, bekommt Bier über den Kopf geschüttet oder mit einem Stöckelschuh in den Schritt getreten. Für eine einzelne Stripperin wäre dieses Verhalten nicht tolerierbar. Mit einer Verbündeten an der Seite ist es für die Freundinnen eine Weile eine Katharsis. Doch die Stabilität zeigt sich als trügerisch. Beide betäuben sich gewohnheitsmäßig mit Rauschgift und ziehen sich immer weiter gegenseitig in die Tiefe. Immer wenn eine von beiden versucht, den Konsum von Schmerztabletten und Alkohol zu drosseln, fühlt sich die andere in ihrem Lebensstil kritisiert und isoliert. Das ist auf Dauer nicht auszuhalten. Irgendwann brechen sie den Kontakt zueinander ab. Nikki lässt sich zur Krankenschwester ausbilden und beginnt ein bürgerliches Leben. Jenna wird erfolgreiche Pornounternehmerin. Jahre später begegnen sich beide zufällig auf einer Party. Sofort ist das Gefühl von Nähe wieder da. Aber Jenna, inzwischen von den Tabletten losgekommen, spricht nur kurz mit der ehemaligen Gefährtin. »Ich wusste, es würde nur wenige Sätze brauchen, und wir wären wieder auf der gleichen Wellenlänge«, schreibt sie. »Wir würden alle in den Arsch treten und zusammen durchbrennen, um wieder Rache an allem und jedem zu nehmen.« »Hell on High Heels« wurden die beiden Frauen in ihrer Umgebung einst genannt – Hölle auf Stöckelschuhen.

5
AUSDÜNNEN

Oft geht der Schaden, den eine Freundschaft verursachen kann, nicht in erster Linie von der anderen Person aus. Natürlich kann man tatsächlich einer Blenderin, einer Schlange, einer gewissenlosen Narzisstin auf den Leim gehen und wird ahnungslos manipuliert oder hintergangen. Doch häufiger trägt man zur Verwüstung selbst vieles bei. Indem man wiederkehrende Spannungen überspielt, statt sie anzusprechen. Seltsame Gereiztheit verdrängt, statt ihr auf den Grund zu gehen. Indem man Angriffe ignoriert oder kleinredet, statt sie sich zu verbitten. Indem man Situationen akzeptiert, in denen man sich mit der anderen unbehaglich fühlt. Indem man schweigt, um die Freundschaft nicht zu gefährden. Indem man selbst unklar in seinen Zielen ist und andere für Zwecke einspannt, die vielleicht nicht uneigennützig sind.

Mir fiel es merkwürdig schwer, mich von U. zu lösen. Über Jahre habe ich sie immer wieder in ihrer Stadt besucht. Wir waren in der Jugend einige Jahre eng befreundet, und noch immer dachte ich mit Zuneigung an ihre warmherzige Art, an die Begeisterung, die sie zeigte, wenn wir uns trafen, an ihr Strahlen und ihre Lebensfreude, wenn wir ein paar Tage zusammen verbrachten. Und auch an die Freundlichkeit, mit der mir ihre Familie immer begegnet war. Aber irgendetwas mit U. und mir hatte sich über die Jahre verändert. Wenn wir telefonierten, waren wir uns sofort vertraut. Doch die Abstände zwischen unseren Telefonaten wurden länger. Noch immer brauchte es nur eine kurze Mailnachricht von mir, wenn ich eine Reise in ihre Stadt plante, und sie bot mir sofort überschwenglich an, bei ihr zu wohnen. Es gab keinen greifbaren Grund, an dieser Freundschaft zu zweifeln. Darum überging ich auch, dass wir, wenn wir uns sahen, einen immer größeren Anlauf zu brauchen schienen, um auf eine gemeinsame Betriebstemperatur zu kommen. Dass ich in Gedanken immer öfter kritisierte, was sie von ihrem Leben erzählte – mir aber nicht die Mühe machte, meine Zweifel zu formulieren oder U.s Beweggründe besser zu verstehen. Immer häufiger hinterließen die Begegnungen ein schales Gefühl. Einmal kam ich spätabends bei ihr an. Ich hatte eine grässliche Zeit mit einer schweren Erkrankung hinter mir und war dünnhäutig und erschöpft. Ich wusste, dass das Thema Krankheit U. ängstigte, und hatte selbst keine Lust, mehr als unbedingt nötig über meinen Zustand zu sprechen. Auf ein »Und wie geht es dir?«

hätte ich einmal kurz abgewunken und das Thema dann gewechselt. Doch sie fragte gar nicht. Sondern begann schon bevor ich richtig die Tür hinter mir geschlossen hatte, von der lästigen, aber wenig riskanten Knieoperation ihrer Nachbarin zu erzählen und hörte damit gar nicht mehr auf. Das kam mir seltsam vor, doch ich war zu müde, um darüber nachzugrübeln. Am nächsten Tag, als wir beim Frühstück saßen, lachten und plauderten wir wie früher, und ich war froh, dass mein Zustand kein Thema war. Als ich wieder abreiste, erwähnte ich nur kurz, dass mir die nächste Phase einer schweren Therapie bevorstünde und ich mich davor ängstigte. U. umarmte mich zum Abschied, ohne darauf einzugehen. Ein paar Wochen später rief sie mich im Krankenhaus an. Ich fühlte mich miserabel und mochte kaum reden. Darauf reagierte U. mit keinem Wort, sondern schilderte ausführlich die Hüftoperation ihres Onkels sowie das Liebesleben der Bekannten ihrer Cousine, die ich beide nicht kannte. Bevor sie das Telefonat beendete, versicherte sie mir unvermittelt ihre große Zuneigung und legte dann auf. Ein paar Wochen später schrieb sie mir und fragte nur beiläufig, wie es mir gehe. Ich habe diese Mail nicht beantwortet und auch nicht die Nachfolger, die alle paar Wochen kamen. Als ein Jahr später eine gemeinsame Bekannte eine Einladung organisierte, und ich auch U. auf der Gästeliste sah, sagte ich ab. Ihre Weihnachtsgrüße erwiderte ich ebenso wenig wie ihre gelegentlichen Nachrichten auf meiner Mailbox. Ich empfand nie Groll auf U. und war auch nicht enttäuscht von ihr. Ich ertrug sie nur einfach nicht mehr.

Die Sache liegt Jahre zurück. Erst jetzt erkenne ich die Gründe für meinen Rückzug. Viel zu lange hatte ich mich hinter der Maske der zugewandten Freundin versteckt. Die Erfahrung mit der Krankheit muss mich radikaler gemacht haben. Schon lange davor war U. mir in der Art, wie sie ihr Leben anging, immer öfter feige und ausweichend vorgekommen. Sie war schon länger nicht mehr die energische, lebenssprühende Freundin aus der Jugend, die ich so sehr mochte. Oberflächlich hatte ich nicht die Sonnigkeit zwischen uns zerstören wollen. Doch tatsächlich wollte ich nicht erkennen, dass ich schon seit Jahren keine Verbindung mehr zu ihr empfand. Die Freundin war noch da. Aber die Freundschaft war weg. Das schale und bittere Gefühl dieser Erkenntnis hätte ich damals nicht ertragen. Lieber hielt ich die tote Beziehung noch ein paar Jahre künstlich aufrecht.

Aus der Geschichte mit U. ist kein großer Schaden entstanden. Doch sie hat mir gezeigt, dass meine Angst, ohne Freundinnen dazustehen, mich korrumpieren kann. Dass mich falsche Gründe davon abhalten können, Beziehungen auszudünnen, wenn darin negative Gefühle überwiegen. Dass ich mich von der Furcht verwirren lasse, verloren zu sein, wenn ich am Anfang eines Jahres eine Adresse weniger in den neuen Kalender zu übertragen habe. Mit der Maske, die ich U. gegenüber seit mehreren Jahren trug, war ich mir selbst untreu geworden. Beim ersten Zeichen, dass ich beginne, über sie zu urteilen, wäre die Frage notwendig gewesen, ob diese Freundschaft noch trägt. »Manchmal ist es ein Zeichen von Reife, wenn man die charakterlichen Mängel einer anderen Person einfach akzeptieren kann«, sagte die amerikanische Psychologin und Buchautorin Harriet Lerner 2012 in einem Interview mit der *New York Times* zum Thema der schädlichen Freundschaft. »Doch zuweilen ist es die reifste Entscheidung, eine Beziehung loszulassen.«

6
MOB

Schaden durch eine Beziehung entsteht, wenn man an einer Verbindung festhält, von der man nicht eindeutig sagen kann, dass sie einen stärkt, stützt und im besten Fall zufrieden oder sogar glücklich macht. Wenn man sich vor einer notwendigen Auseinandersetzung scheut. Wenn man schweigt aus Angst, dass die Freundin sich sonst abwendet und einen vielleicht sogar noch bei anderen schlechtmacht. Wenn man sich mitsamt der Schwächung durch die Freundschaft immer noch stärker fühlt als ohne. Findet man nie eine Gelegenheit, eine fragwürdige Verbindung zumindest zu lockern, besteht die Gefahr, dass man seelisch abhängig ist. Von einem einzelnen Menschen.

Oder von der Vorstellung, überhaupt Freundinnen zu haben. Beides ist für Erwachsene gefährlich. Beides wurzelt oft in Erlebnissen aus der Kindheit oder Jugend.

Freundschaften sind die ersten Beziehungen, die wir freiwillig eingehen. Wen wir mögen und wen nicht – und mit wem wir unsere freie Zeit verbringen – gehört zu den ersten sozialen Entscheidungen, die wir selbständig fällen können. Und es sind die ersten Beziehungen, für die wir auch selbst die Verantwortung tragen. Freundinnen gehören zu unserem Bedürfnis, uns als Person selbst zu definieren. »Als Schutz vor Krisen ist es immens wichtig, dass sich die Kinder in Freundschaften ausprobieren können, um so ihr Selbstwertgefühl und auch ihre Lebensqualität zu steigern«, sagte die Psychologin Marion Pothmann 2012 im Interview mit der *Süddeutschen Zeitung*. »Zum Lebensglück der Kinder trägt bei, wenn sie von Gleichaltrigen erfahren: So, wie ich bin, bin ich in Ordnung.« Niemand vergisst das Gefühl von Glück und Sicherheit, wenn wir uns zum ersten Mal bewusst in einer Gruppe aufgehoben fühlen, vielleicht durch eigenes Handeln den Zugang zu ihr gefunden haben. Auch wenn wir uns kaum noch an das Gesicht der Grundschulfreundin erinnern können, vergessen wir nicht, wie glücklich wir waren, als wir neben diesem Mädchen auf dem ausgebleichten Holz des Bootsstegs lagen, die Sonne brannte auf der Haut und das Wasser glitzerte, während wir uns ein Eis teilten. Wir vergessen nicht die Stunden in der WG-Küche, wo wir bei Kerzenlicht und Rotwein mit vereintem, gnadenlosem Lästern über einen Verflossenen plötzlich die letzten Reste eines

Liebeskummers verjagen konnten. Aber wir vergessen auch nicht, wie es sich anfühlte, als die Vertraute beim Wählen der Arbeitspartner plötzlich einer anderen Schülerin den Vorzug gab. Wie fassungslos wir waren, als wir zufällig erfuhren, dass die beste Freundin an jenem Wochenende nach dem Abi gar nicht zu ihren Eltern fuhr, wie sie angab, sondern mit anderen eine Party besuchte, zu der wir nicht eingeladen waren.

Freundinnen können uns bestärken wie kaum ein anderer Mensch. Doch sie können uns auch Schmerzen zufügen wie kaum ein anderer Mensch und uns manchmal fast zerstören. Und zwar, weil sie uns das Gefühl des Ausgestoßenseins geben können wie kaum ein anderer Mensch. Ganz besonders dann, wenn die Freundschaft selbst in die Dynamik einer Gruppe oder Clique eingebettet ist. Manchmal hat eine Freundin auch die Rolle einer Gewährsperson, die allein uns den Zugang zu einer Gruppe zu ermöglichen scheint. Diese Abhängigkeiten können in uns extreme Ängste auslösen. Sie können existentiell werden, weil es soziale Ängste sind. Sie zielen ins Herz der Notwendigkeit von menschlicher Bindung. Sie reichen ins Innere unserer Furcht, aus einer Gemeinschaft ausgestoßen zu werden oder ihr erst gar nicht anzugehören. Beides Dinge, die für ein Individuum einst den sicheren und konkreten Tod bedeutet hätten. Urängste eines jeden Menschen, die wohl für immer in unsere Hirne eingeprägt sind.

Mobbing durch Freundinnen ist einer der schwersten psychischen Schäden, die man erleiden kann. Das ist wissenschaftlich vielfach belegt. Im australischen Film

»Muriel's Wedding« von 1994 wird die Dynamik einer solchen toxischen Gruppe gezeigt. Die unsichere Muriel, gespielt von Toni Colette, wird aus der Mädchenclique ihres Städtchens ausgestoßen. Das merkwürdige Geschwader aus Vorstadtprinzessinnen, deren Lebensziel darin besteht, geheiratet zu werden, will ohne sie in Urlaub fahren. Begründung: Alles an Muriel sei falsch. »Es ist nicht dein Kleid, nicht die Figur. Es bist du! Du ziehst uns runter.« Sie wisse, dass sie nicht normal sei, sagt die verzweifelte Heldin. »Aber ich kann mich doch ändern! Ich kann mehr so werden wie ihr!« Doch das überzeugt die anderen nicht. »Du wirst trotzdem immer du selbst bleiben!« Muriel flüchtet in die Großstadt. In der eigenwilligen Rhonda findet sie eine treue Freundin, die sie in ihrer Schrägheit nicht nur akzeptiert, sondern sich gerade darum besonders mit ihr verbunden fühlt. Doch als sich die erste Gelegenheit bietet, von der Prinzessinnenclique vermeintlich doch noch akzeptiert zu werden, verrät Muriel Rhonda ohne Zögern. Mobbing ist ein lang wirkendes Gift. Es lagert sich in der Seele der Betroffenen ab und kann noch Jahre oder Jahrzehnte später aktiv sein. Es verändert unser Grundgefühl von Sicherheit und Zugehörigkeit und macht uns womöglich ängstlicher und misstrauischer, als es uns guttut. Es kann auch das Gegenteil bewirken – dass wir selbst irgendwann zu denen gehören, die andere drangsalieren oder verlassen – bevor sie uns wieder das Gleiche antun können. Die Filmfigur Muriel Heslop benötigt lange, bis sie den Schaden erkennt. Erst, als sich ihre Mutter, die selbst eine Ausgestoßene ist, das Leben nimmt, beginnt sie nachzudenken, wer wirklich ihre Freunde sind und wen sie aus eigenen Stücken besser meidet.

Frauen, die man »Freundinnen« nennt, muss man sehr sorgfältig auswählen. Das ist eine der Lehren dieses Films. Mit Freundinnen nehmen wir nicht nur festgelegte Rollen in einem sozialen Gefüge ein. In jungen Jahren betreten wir mit ihnen auch emotionale Räume, die uns ein Leben lang beeinflussen können. Wenn ich mich an meine Kindheit und Jugend erinnere, gehören Erlebnisse mit anderen Mädchen zu den schlimmsten Erinnerungen dieser Jahre. Während mir nur nur wenige positive Erlebnisse mit Gruppen und Cliquen einfallen. Hängt es damit zusammen, dass mir Frauen bis heute suspekt sind, wenn sie irgendwo in Gruppen unterwegs sind? Dass ich so gut wie mit allen meinen Freundinnen reine Zweierfreundschaften unterhalte und sogar die engsten meiner Vertrauten einander gar nicht oder nur flüchtig kennen?

7
SCHWESTERN

»Es soll in meinen Gefühlen viel Weibliches sein«, zitiert die deutsche Journalistin und Literaturwissenschaftlerin Elisabeth von Thadden 2009 in einem Artikel in der *Zeit* aus einem Brief des preußischen Gelehrten Wilhelm von Humboldt. »Man sagte mir mehr als einmal, man könnte mit mir wie mit einer Frau reden und neulich schrieb mir die Forster, sie möchte mich Schwester nennen.« Das bezieht sich auf die Schriftstellerin Therese Huber, die mit Humboldts Freund Georg Forster verheiratet war. 1790, als der Brief geschrieben wurde, kam in den deutschen Intellektuellensalons gerade das damals neue Ideal der umfassenden Freundschaft – auch zwischen den Geschlechtern – auf. Neue Gefühlsbildung ebenso wie Gefühlsbindung sollte herkömmliche geistige Bildung vervollkommnen, auf dass der so beseelte Mensch zum vollständigen Individuum erblühe und als solches ein verantwortungsvoller und freier Bürger sein könne, seinen Mitmenschen freundlich verbunden. Die neuartige Seelenfreundschaft galt dabei als etwas, das man von Frauen lernen kann. Tatsächlich hatten diese besonders viel Erfahrung mit Solidarität und Loyalität untereinander. Doch nicht immer freiwillig. Auch gesellschaftlich hochgestellte Frauen dieser Zeit waren fast völlig rechtlos. Und alle die Schwestern, Cousinen, Freundinnen, mit denen sie überhaupt Umgang haben konnten, waren ebenso abhängig wie sie selbst und auf die anderen oft angewiesen. »Eine Freundin zu sein, das ist das Mindeste«, schrieb Elisabeth von Thadden, »wenn schon im öffentlichen Raum kaum Platz für Bürgerinnen war, für Professorinnen, für Ministerinnen.« Historisch gesehen ist die Freundin immer auch eine Verbündete. Und eine Art freiwillig gewählte Schwester. Psychologisch liegt in dieser Ähnlichkeit vielleicht ihr größter Wert. Und womöglich ebenso die größte Schwierigkeit. Eine interdisziplinäre Fachtagung befasste sich 2008 in Magdeburg mit der »Kulturgeschichte weiblicher Kommunikation«. Den Wissenschaftlern erschien die durch die Lebensumstände geprägte Ähnlichkeit der Bindung zwischen verwandten und frei gewählten Gefährtinnen so groß, dass die Beziehungen in der Ankündigung der Tagung gleichgesetzt wurden. »Schwestern und Freundinnen« war kurzerhand ihr Titel.

Neulich war ich wieder mit Deborah in einer Bar. Wir unterhielten uns ausgiebig und verlegten dann unsere Plätze an die Tanzfläche. Nach einer Weile hätte ich gerne getanzt. Deborah zögerte noch. Wir bestellten neue Getränke und plauderten weiter. Hin und wieder wippte sie nun energischer mit dem Fuß, und ich beschloss, beim nächsten Stück auf jeden Fall aufzustehen. Doch ich tat es nicht. Warum? Ich habe keine Ahnung. »Geh' ruhig«, sagte Deborah. »Ich komm auch gleich. Muss hier nur noch ein bisschen rumsitzen.« Doch der richtige Moment kam auch für mich nicht. Wir saßen bis frühmorgens am Tresen und amüsierten uns gut. Doch getanzt haben wir am Ende beide nicht. Das passiert mir nur mit Deborah. In dieser Hinsicht hat sie eine Art Bann über mich. Wenn sie nicht tanzt, tanze ich auch nicht. Hat es damit zu tun, dass sie die ältere von zwei Schwestern ist und ich die jüngere? Geht ein prähistorischer Teil meines Gehirns davon aus, dass ich besser erstmal gucke, was Deborah macht und sicherheitshalber in ihrem Windschatten bleibe?

Einen wichtigen Teil ihres Sozialverhaltens erlernen Menschen mit Geschwistern. Die emotionalen Räume, die wir mit engen Freunden betreten, können denen ähneln, die wir mit Geschwistern teilen. Durch Schwestern können wir lernen, uns mit Freundinnen wohlzufühlen. Mit Freundinnen können wir Gefühls- und Verhaltensmuster fortführen, die wir mit einer Schwester erlernt haben. Das gehört zu den gesicherten Kenntnissen der Geschwisterforschung. Ist das der Grund, warum ich vielen meiner Freundinnen lange Zeit am liebsten ein glattes Sonntagsgesicht zeigte? Dass ich Dinge, die mich wirklich beschäftigten, am liebsten mit mir selbst ausmachte? Bloß keine Weichteile zeigen. Immer einen Schritt Sicherheitsdistanz. Das habe ich in den Kämpfen mit meiner großen Schwester gelernt, in denen ich oft unterlag. Mit einer einzigen Ausnahme sind alle meine Freundinnen ein paar Jahre älter als ich.

Eine Freundin kann auch die Rolle der Schwester einnehmen, die wir nicht hatten. Doch sie ist immer auch mehr als eine Schwester. Mit Freundinnen, bei denen ich zulasse, dass sie mich herausfordern, kann ich aus der Rolle der kleinen Schwester herauswachsen. Wenn die emotionalen Räume einer Freundschaft etabliert sind, bieten sie auch negativen Gefühlen Platz. Und auch die Möglichkeit, überholte Verhaltensweisen zu erkennen und Alternativen zu trainieren. Das lerne ich gerade zu nutzen. Mit Hanna, auch sie ein paar Jahre älter als ich, diskutiere ich seit einigen Monaten politische Fragen. Seitdem der Terror vor unserer Haustür eingeschlagen hat, sprechen wir öfter und immer erbitterter über unsere Werte, über Moral und auch über unsere politischen Überzeugungen. Das wäre uns vorher nicht notwendig erschienen. Viele ihrer Sichtweisen sind von meinen weit entfernt, und oft erschrecke ich, weil ich nicht vermutet habe, wie radikal sie in vielen Punkten denkt, an einem Ende des Meinungsspektrums, das mir zuwider ist. Doch nach Jahren der Freundschaft und vielen persönlichen Gesprächen vertraue ich grundsätzlich ihrer Redlichkeit. Ich versuche zu verstehen, wie sie zu ihren Überzeugungen gekommen ist. Nicht immer gelingt es. Dann zögere ich noch zu oft, ihr energisch zu widersprechen. Aus Angst, dass sie dann aufsteht und geht. Die politischen Gespräche mit Hanna sind eine ziemlich anstrengende Herausforderung. Oft bin ich danach skeptisch und mutlos. Doch noch immer mache ich weiter. Weil ich nicht ertragen würde, hier aus Feigheit klein beizugeben. Und auch, weil es vielleicht nicht notwendig ist. Neulich habe ich Hanna in einer politischen Frage zum ersten Mal vehement widersprochen und für meine Meinung gekämpft, die sie befremdlich fand. Doch sie ist nicht aufgestanden und nicht weggelaufen. Die Sache geht voran. Und irgendwann, so um meinen neunzigsten Geburtstag herum, wird es mir dann hoffentlich auch mal gelingen, alleine auf die Tanzfläche zu gehen, wenn Deborah dazu gerade keine Lust hat.

8
STRAUSS

Auf der Website der Frauenzeitschrift *Brigitte* erschien 2016 ein Beitrag mit dem Titel »Diese 6 Freundinnen braucht jede Frau«. Gute Freundinnen seien »manchmal wichtiger als ein Partner, denn sie lotsen uns sicher durchs Leben«, heißt es im Einführungstext. »Wir sagen euch, welche unterschiedlichen Typen für die Mischung perfekt sind.« Darunter aufgelistet sind: die »Seelentrösterin«, die »Praktische«, die »Aktive«, die »Spirituelle«, die »Genießerin« und die »Langjährige«. Letztere »eine Synthese aus verschiedenen anderen Typen (siehe eins bis fünf)«. Die

Unverhohlenheit darin stößt mich ab. Ein Ratgeberartikel über Freundschaft, der nicht einmal vorgibt, dass in der Wahl von Freundinnen Sympathie und Gemeinsamkeit wichtiger sind als Nützlichkeit und Berechnung. Ich bin von der ganzen Oberflächlichkeit des Artikels empört. Doch der Gedanke dahinter lässt mich nicht mehr los. Denn tatsächlich könnte ich meine Freundinnen auch in Typen unterteilen. Danach ausgesucht habe ich sie nicht, und über einen möglichen Nutzen denke ich nicht nach. Und doch bilden diese drei, vier Frauen, die ich oft und regelmäßig treffe, und das halbe Dutzend darüber hinaus, mit denen ich enge Kontakte pflege, in meinem Alltag ein Ensemble mit unterschiedlichen Rollen, die ziemlich klar voneinander abgegrenzt sind.

Yolanda treffe ich praktisch nur, um mit ihr Kaffee zu trinken, ein paar Zigaretten zu rauchen und uns über die neuesten Entwicklungen in unserem Privatleben auszutauschen. Yolanda ist vielbeschäftigt mit Kind, Tieren und Beruf und hat gar keine Zeit, stundenlang zu plaudern. Hin und wieder verbinden wir unsere Treffen mit einer Schlenderrunde über einen Flohmarkt, doch nie würden wir uns ins Kino oder zum Tanzengehen verabreden. Unser Freundeskreis hat so gut wie keine Überschneidungen, und öfter als alle zwei, drei Monate hätten wir uns wahrscheinlich nicht genug zu erzählen. Doch ich mag Yolanda und ihre Knappheit sehr. Ich vertraue ihr ohne Zögern meine privaten Nöte an und nehme Anteil an den ihren. Wenn wir uns eine Weile nicht sehen, vermisse ich sie und ihre Resolutheit und möchte wissen, wie es ihr geht.

Mit Nina wiederum gehe ich fast nur ins Kino und davor oder danach eine Suppe essen. An Feiertagen telefonieren wir manchmal, und ab und an treffen wir uns spontan, mit oder ohne ihre Tochter. Nie würden wir zusammen Schuhe kaufen oder eine Ausstellung besuchen. Unser Geschmack, was Freizeit betrifft, hat ebenso wenig Gemeinsamkeiten wie unser Geschmack in Kleidung, Männern oder Musik. Vielleicht hängt das auch mit den unterschiedlichen Kulturen zusammen, in denen wir aufgewachsen sind. Doch auch Nina erzähle ich private Dinge und rate ihr in ihren, wenn sie darum bittet. Ich mag ihren trockenen Humor und ihre Zähigkeit in allen Dingen. Und ich schätze den Umstand, dass sie fast jede Situation anders beurteilt als ich.

Suleika kenne ich schon seit vielen Jahren. Früher trafen wir uns beim Sport in einer Gruppe. Schon immer erschien sie mir sympathisch und interessant, doch nie gab es eine Gelegenheit zu erfahren, welche Dinge sie eigentlich beschäftigen und was für ein Mensch sie ist. Doch seit einiger Zeit verabreden wir uns manchmal zum Frühstück oder in einer Bar. Nun lerne ich sie richtig kennen. Ihre Schweigsamkeit hat sich zu einer stillen, doch entschlossenen Deutlichkeit gewandelt. Schon der erste Rat, den sie mir in einer Sache gab, traf so überraschend ins Schwarze, dass ich ihr seither fast unbesehen vertraue. Und damit noch nie in die Irre ging. Gleichzeitig lerne ich hinter ihrer ruhigen Fassade eine Tiefe und einen Hang zur Abgründigkeit kennen, die mich faszinieren. Und auch einen Humor, der sie mir ans Herz wachsen ließ, sobald ich ihn entdeckte.

Und dann ist da natürlich Olivia, die ich so häufig sehe wie sonst niemanden und die mir inzwischen so lieb und vertraut ist, dass ich nicht mehr zweifle, wenn sie einmal garstig ist oder sich nicht meldet, weil ich einfach weiß, dass ihre schlechte Laune nicht mir gilt, weil sie mir das sonst sagen würde. Und Deborah, die alles immer ganz genau wissen will und mir sofort auf den Zahn fühlt, wenn ich herumlaviere. Ein Telefonat mit ihr genügt, dass ich mich sofort wieder wagemutig und zuversichtlich fühle und sicher bin, in meinem Leben auf dem richtigen Weg zu sein.

Alle diese Freundinnen und manche darum herum begegnen sich vielleicht einmal im Jahr in meiner Küche, wenn ich Geburtstag feiere, und die meisten kennen sich nur flüchtig. Mir ist das recht. Nicht jede würde im direkten Kontakt mit jeder anderen harmonieren. Nicht jede hätte mit der anderen etwas zu reden. Nicht jede fände die andere auch gut. Doch zusammen bilden sie so etwas wie ein üppiges Bouquet. Einen bunten, zuweilen recht grellen Blumenstrauß genau nach meinem Geschmack. Jede von ihnen würde wohl herausprusten bei diesem Vergleich – und sofort wissen wollen, wen ich denn als Tulpe sehe und wen als die Baumwollblüte. Vielleicht gäbe es auch scherzhaft Streit, doch bitte die Rose sein zu dürfen und auf keinen Fall die Aster. Am Pathos dieses Bildes dürfte sich wahrscheinlich die größte Gemeinsamkeit dieser Handvoll Frauen zeigen, die heute meine Freundinnen sind: Jeder wäre es ein bisschen zu üppig und pompös. Doch jede würde auch verstehen, dass genau in diesem Bild die

Wahrheit liegt über die Bedeutung, die sie für mich haben und dass das nicht mal halb so kitschig ist, wie es sich vielleicht anhören mag.

9
RÄUME

Freundschaft öffnet Räume. Und sie bildet Räume. Freundschaft beeinflusst, wie man sich selbst sieht. Und sie beeinflusst, wie andere einen sehen. Von diesen Räumen hängt es ab, wohin man miteinander aufbrechen kann. Warum ist T. nicht meine Freundin geworden? Warum rief ich R. so oft nicht zurück, dass sie aufhörte, sich um mich zu bemühen? Warum kam es mit Z. nicht über drei Treffen hinaus? Es muss mit den Räumen zu tun haben, die ich mir mit diesen Frauen vorstellen konnte, mit den Erlebnissen, die ich darin erwartete. Und vielleicht auch mit der, als die ich mich selbst in diesen Räumen sah. In jeder Freundschaft begegnet man sich selbst. Das ist nicht immer schön.

Mit Nina sehe ich mich in der Rolle der älter werdenden Frau, die ich sonst in mir nicht erkenne. Auch wenn uns nur zwei Jahre trennen, wirkt Nina neben mir zart und mädchenhaft. Auf einer dunklen Straße könnte man sie fast für meine Tochter halten. Am Anfang habe ich deshalb manchmal Situationen gescheut, die einen direkten Vergleich provozieren und sie lieber in ihrer oder meiner Wohnung getroffen. Doch nun habe ich mich daran gewöhnt und mache sie nicht mehr für etwas verantwortlich, was die Natur entschied. Mit Nina lerne ich zu ertragen, dass ich nie mehr so leicht den flirtenden Blicken und dem oberflächlichen Interesse der Männer genügen werde, wie sie es noch kann. Doch mit ihr begreife ich auch, dass das kein Nachteil ist. Nina erlebt Enttäuschungen, wenn Männer bemerken, dass sie eine erwachsene Frau mit erwachsenem Kopf ist, und nicht die unschuldige Nymphe, die sie zunächst in ihr sehen. Sowas passiert mir nie. Unsere amourösen Erfolge halten sich die Waage, das haben die Jahre gezeigt. Seit ich das wahrnehme, beachte ich weniger, wie andere uns sehen. Nina ist keine Konkurrenz. Sie ist meine Freundin. Es ist etwas, das ich entscheiden kann.

Mit Ines begegne ich gelegentlich den finanziellen Grenzen meines Lebens und der Frage, was ich noch erreichen will. Der Frage, was ich für Erfolg und Ansehen zu tun bereit bin. Vor allem aber der Frage, wie viel Verantwortung in der Welt ich eigentlich tragen kann und sollte. Ines arbeitet an der Spitze eines wichtigen internationalen Unternehmens, und wenn wir essen gehen, legt meist sie beiläufig ihre Kreditkarte auf die Rechnung. Alle drei oder vier Male, wenn wir uns treffen, erklärt sie, schon gegessen zu haben und bestellt nur ein Getränk. Dann lässt sie zu, dass ich die Rechnung zu mir ziehe. Neulich haben wir auf meinen Vorschlag hin eine elegante Lounge besucht, wo ein einzelnes Getränk zu Buche schlägt wie anderswo ein Gericht. Als die Rechnung kam, legte Ines einen Schein auf den Tisch, mit dem ihr Getränk zweimal hätte bezahlt werden können. »Mein Anteil«. Ich wehrte ab. Obwohl die Gewohnheit vorsah, dass diesmal ich das Portemonnaie zog, bestand sie unangenehm nachdrücklich darauf. »Nimm das jetzt, ich habe mehr Geld als du!« Ihre Entschiedenheit machte mich wütend. Ich hätte das Lokal nicht vorgeschlagen, wenn mir das Bezahlen nicht möglich gewesen wäre. Mit ihrem Nachdruck beschämte sie mich. Tagelang grübelte ich, ob ich sie darauf ansprechen muss. Doch die Irritation verging, als ich erkannte, dass unsere unterschiedlichen Kontostände in unserer Freundschaft tatsächlich keine Bedeutung haben, dass sie kein Ungleichgewicht zwischen uns bringen. Dass sie einfach das Resultat unterschiedlicher Lebensentscheidungen sind. In den wenigen Momenten des direkten Vergleichs begegne ich manchmal meiner eigenen Unsicherheit gegenüber ihrer Lebensweise, die mir so viel erwachsener erscheint als meine eigene, und die mit so viel mehr Verantwortung einhergeht. Doch bei genauem Hinsehen beschädigt es nichts von dem, was uns verbindet, und die Balance stimmt. Ines erzählt mir oft vertrauliche Dinge aus ihrer Firma und fragt mich in Konflikten um Rat. Ich weiß, dass sie mich ernst nimmt und mag und auch mein Urteil schätzt. Als Menschen begegnen wir uns auf Augenhöhe. Denn auch ich habe ein paar Güter erarbeitet, die für sie von hohem

Wert sind und von denen ich sehr viel mehr habe als sie: Freiheit, Selbstbestimmung und die Möglichkeit, fast jeden Tag nach eigenem Gusto zu gestalten. Damit habe ich ein paar meiner Lebensziele schon vor ziemlich langer Zeit erreicht. Ich habe dafür so hart gekämpft wie sie für ihre Ziele und schulde mir selbst darin nichts. Das war mir lange nicht klar. Ausgerechnet durch einen dieser unangenehmen Bezahlmomente mit Ines habe ich es neulich zum ersten Mal erkennen können.

Fast zwei Jahre sind vergangen, seitdem ich nicht mehr Teil eines Paares bin. Die Monate, wo ich an jeder Straßenecke und in jedem Café eine mögliche Freundin erblickte, sind inzwischen am Abklingen. Vieles im neuen Alltag hat sich stabilisiert, und die Energie und auch die Zeit reichen nicht mehr immer aus, in jede vielversprechende Bekanntschaft zu investieren, bis sich zeigt, ob daraus vielleicht eine Freundschaft werden kann. Doch die, die mir wichtig geworden sind, haben einen festen Platz. Als Single übe ich das, was·ich früher zu oft vernachlässigt habe: mich in den Räumen der Freundschaften so aufmerksam zu bewegen wie in denen einer Liebesbeziehung. Sie nicht als nachrangig zu betrachten oder als sich selbst erhaltende Organismen. Noch ist kein ernsthafter Kandidat für eine neue Liebesgeschichte ins Bild getreten, und darum fällt es mir leicht, einem interessanten Mann nur im Ausnahmefall im Terminkalender den Vorzug gegenüber einer Freundin zu geben. Doch irgendwann wird sich das ändern. Ich möchte mir selbst glauben, dass ich dabei bleibe, die Räume der

Freundschaft als ebenso wichtig zu betrachten wie die einer romantischen Liebe und die des Rückzugs. Und dass ich inzwischen besser weiß, wie man das eigentlich macht.

10
SALLY UND HARRY

Sie liegt strahlend in seinem Arm. Sein Blick geht schreckensstarr ins Leere. Gerade haben Harry Burns und Sally Albright zum ersten Mal miteinander geschlafen. Und damit den Rahmen ihrer bisher platonischen Freundschaft gesprengt. »Fühlst du dich wohl?«, raunt sie zärtlich. »Klar«, sagt er etwas zu schnell. »Möchtest du etwas zu trinken?«, will sie wissen. »Nö, danke«, sagt er wahrheitsgemäß. »Aber ich hol' mir sowieso was, es wäre keine Mühe«, insistiert sie. »Na gut, ein Wasser«, gibt er die Antwort, die sie hören will. Glücklich geht sie zum Kühlschrank, endlich wieder einen Liebsten zum Verwöhnen. Während er sich im Bett aufsetzt, als suche er den schnellsten Weg zum Notausgang. Die angespannte Panik, mit der sich Harry nach dem Sex hastig von seiner langjährigen Vertrauten Sally verabschiedet, markiert sehr pointiert,

III Bildnisse der Freundin

warum Freundschaft zwischen heterosexuellen Männern und Frauen als ziemlich problematisch gilt. Männer und Frauen können nicht Freunde sein. Sex ist immer im Weg. Diese Weisheit gilt. Spätestens, seit 1989 »When Harry met Sally« mit Billy Crystal und Meg Ryan in die Kinos kam.

Nach Erkenntnis der Forschung liegt die Hauptschwierigkeit einer platonischen Freundschaft zwischen Männern und Frauen in den unterschiedlichen Erwartungen. »Frauen haben anscheinend höhere Erwartungen an gleichgeschlechtliche Freundschaften als Männer«, heißt es in einer Vergleichsstudie, die der Kommunikationswissenschaftler Jeffrey A. Hall 2011 an der University of Kansas zum Thema »Geschlechtsunterschiede in den Erwartungen an eine ideale Freundschaft« vorlegte. Nicht umsonst nennt die Wissenschaft die von Frauen bevorzugten Verbindungen zu anderen Frauen »face-to-face«-Freundschaft. Um sich von der anderen wirklich verstanden und unterstützt zu fühlen, benötigen Frauen häufiger als Männer enge, persönliche, einander zugewandte Gespräche über private Themen. Frauen wollen das Gesicht der anderen sehen und darin Anteilnahme und Interesse erkennen und diese Gefühle beim Zuhören auch selbst ausdrücken. Erst diese konkrete Spiegelung gibt vielen Frauen die Sicherheit, mit der anderen wirklich vertraut und verbunden zu sein. Während Männer, auch das haben zahlreiche Untersuchungen ergeben, öfter mit sogenannten »side-by-side«-Beziehungen glücklich sind: Freundschaften, in denen sie sich mit einem Kumpel unter minimalem Aufkommen persönlicher Gespräche gemeinsam im Fitnessstudio quälen, an Fahrzeugen schrauben, Fußball gucken oder mit der Angel in der Hand stundenlang schweigend nebeneinander stehen – und sich dabei blendend verstanden und bestens verbunden fühlen.

In der Datingwelt des Internets existiert der ziemlich gemeine Begriff der »friendzone« – die Freundeszone. Er bezeichnet die Situation, dass ein Mann an einer Frau sexuell interessiert ist und sie den Kontakt zulässt. Aber nur platonisch. Dass sie dem Mann vertraut, sich vielleicht an ihn kuschelt, ihn immer wieder sehen will. Ihn aber definitiv niemals als Liebespartner in Betracht ziehen würde. Vor allem in der jugendlichen Aufreißerszene gilt die »friendzone« als Sackgasse, in der nur Verlierer landen. In der Freundeszone herrscht ein schwebender, spannungsreicher Zustand, weil die Beteiligten einander über ihre wahren Motive im Unklaren lassen. Er tarnt seinen Wunsch nach Sex und gibt sich scheinbar als platonischer Freund zufrieden. Sie unterschlägt die für sie vorhandene und nicht verhandelbare Grenze zur intimen Beziehung. Beide Seiten höhlen damit, meist unabsichtlich, das Konzept der Freundschaft aus. Dieses beruht nämlich ziemlich wesentlich darauf, dass man weiß, woran man beim anderen ist.

»Dir ist natürlich klar, dass wir niemals Freunde sein können«, hatte Harry zu Sally gesagt, als sie sich als Studenten auf einer Autofahrt nach New York kennenlernten. Der darauf folgende Dialog ist in die Populärkultur eingegangen. »Wieso nicht?«, fragt Sally. »Die Sache mit dem Sex kommt immer dazwischen« – »Das stimmt nicht.

Ich habe einige männliche Freunde, bei denen es nicht um Sex geht.« – »Hast du nicht.« – »Hab' ich doch« – »Das denkst du nur. Sie wollen alle Sex mit dir.« – »Wollen sie nicht.« – »Oh doch.« – »Woher willst du das wissen?« – »Weil kein Mann mit einer Frau befreundet sein kann, wenn er sie anziehend findet. Er will immer Sex mit ihr.« – »Dann sagst du also, ein Mann kann mit einer Frau befreundet sein, wenn er sie nicht anziehend findet?« – »Nö. Die will er genauso vögeln.«

»Unter Berücksichtigung des Aspekts der Gegenseitigkeit scheinen die wichtigsten Freundschaftsaspekte in gleichgeschlechtlichen Freundschaften zwischen Frauen einer höheren Erwartung ausgesetzt zu sein als bei Männern. Daher erfordert Freundschaft bei Frauen mehr Aufwand, um diese Erwartungen der Reziprozität und der Verbundenheit zu erfüllen, während gleichzeitig ein höheres Risiko besteht, dass diese Erwartungen enttäuscht werden«, heißt es in der Vergleichsstudie von Jeffrey A. Hall. Man könnte es auch so ausdrücken: Frauen erwarten grundsätzlich mehr von einer platonischen Freundschaft als Männer – und zwar unabhängig davon, ob diese einer anderen Frau oder einem Mann gilt. Und zwar erwarten sie Dinge, die für manchen Mann so nebensächlich sind, dass er nicht mal erkennt, wenn sie der Frau fehlen. Oder aber Dinge, die er ihr nur gibt, weil er hofft, dass er am Ende doch noch Sex dafür bekommt.

Sexuelles Interesse aktiviert ein anderes Verhaltensrepertoire als Freundschaft. Der Wunsch nach Geschlechtsverkehr begünstigt egoistisches Handeln, während Freundschaft auf die Sorge um das Wohl des anderen ausgerichtet ist. Um dazwischen balancieren zu können, muss man die Beweggründe einer Beziehung verstehen. Seine eigenen genauso wie die des Gegenübers. Und auch dann ist noch nicht gesagt, dass eine Freundschaft funktioniert. In »When Harry met Sally« modifiziert Harry zwischenzeitlich seine Männer-Frauen-Regel. Wenn beide mit jemand anderem zusammen seien, dann sei Freundschaft unter Umständen möglich. »Dann ist der Druck, etwas miteinander zu haben, geringer.« Doch als Sally ihn erneut abblitzen lässt, gewinnt rasch wieder sein Zynismus die Oberhand. »Aber das funktioniert auch nicht. Weil die Person, mit der du zusammen bist, nicht versteht, warum du mit jemand anderem befreundet sein musst. So, als ob in der Beziehung etwas fehlt.« »Was musst du dir das außerhalb holen?‹ Und wenn du dann sagst ›Nein, mir fehlt gar nichts in unserer Beziehung‹, beschuldigt dich die Person, mit der du zusammen bist, dass du im Geheimen eben doch von der Person angezogen bist, mit der du nur befreundet bist. Was wahrscheinlich sogar stimmt, machen wir uns nichts vor. Das bringt uns zurück zum Anfang. Männer und Frauen können keine Freunde sein.«

11
PORNO

»Nicht selten waren unter Freundinnen frustrierte Erwartungen an die Ehe im Spiel, aber auch Gefühle füreinander, die denen zu Männern verblüffend ähneln«, schrieb Elisabeth von Thadden in ihrem *Zeit*-Artikel über die Entstehung des romantischen Freundschaftsideals. 1928 reüssierte Marlene Dietrich mit ihrer Kollegin Margo Lion auf den Kabarettbühnen der Weimarer Republik mit einem ziemlich zweideutigen Couplet. Darin lieben es zwei Freundinnen, miteinander zu flanieren und sich auch amourös zusammen zu vergnügen – unter behaglicher Beteiligung des Ehemannes der einen. »Wenn die beste Freundin mit der besten Freundin« heißt das Stück. »Ich möchte ständig in ihrer Nähe sein. Und gleichzeitig möchte ich sie sein«, schrieb 2016 eine junge Frau in einem Internetforum über ihre neue beste Freundin. »Bin ich jetzt lesbisch?«

Viele Mädchen und Frauen, die eigentlich Männer lieben, kennen das Gefühl, ein bisschen in ihre Freundin verknallt zu sein. Im Englischen heißt dieses Phänomen »Girl

Crush«. Ein Girl Crush hat etwas mit Verehrung zu tun und etwas mit Identifikation. Und er kann wirken wie eine Droge. Aber er bedeutet nicht zwingend, dass man mit der anderen auch tatsächlich sexuelle Befriedigung erfahren will. Doch ausgerechnet diese Phantasie scheint ziemlich viele Männer zu beflügeln. In der heterosexuellen Pornographie gehört Sex zwischen Frauen, die eigentlich auf Männer stehen, zum Standard. »Die so genannte Lesbennummer ist ein Klassiker«, schrieb die Journalistin Manuela Kay 2006 in der Tageszeitung *taz*. »Ursprünglich verwendet, um bestimmte Zensurbestimmungen zu umgehen, die das Zeigen von Erektionen und bestimmten Formen der Penetration verboten, hat die lesbische Sexszene einen unverrückbaren Platz im Heteroporno gefunden.« Kommerzielle Pornographie wird größtenteils von heterosexuellen Männern für heterosexuelle Männer gemacht. Sie bedient vorrangig deren Phantasien. Doch warum wollen Heteromänner Heterofrauen beim lesbischen Sex mit der Nachbarin, der Kollegin, der Freundin sehen? »Waghalsige Theorien behaupten, diese Szenen böten manchen Männern die Gelegenheit, sich in Abwesenheit von Schwänzen in die Frauen und in ein ganz und gar schwanzloses Miteinander hineinzufantasieren«, schreibt Manuela Kay dazu ironisch. Doch es gibt wohl noch einen anderen Grund. Viele Männer, die Frauen begehren, kommen wahrscheinlich gar nicht auf die Idee, dass Frauen auf sich selbst – und damit auch auf die Geschlechtsgenossinnen – meist viel weniger wohlwollend blicken, als Männer das bei Frauen tun. Vielleicht können sich manche darum einfach gar nicht vorstellen, dass Frauen nicht ständig völlig von ihresgleichen hingerissen sind und die Finger nicht voneinander lassen können.

Als ich Olivia vor vielen Jahren zum ersten Mal bei einer Essenseinladung einer Bekannten traf, erzählte ich nachher, dass sie der Typ Frau sei, auf den ich wahnsinnig stehen würde, wenn ich ein Mann wäre. Alles an ihr erschien mir anziehend: ihre kraftvolle und doch anmutige Figur, ihr feines, üppiges Haar, ihre strahlende Freundlichkeit, ihr trockener Humor. Ich stellte mir sogar vor, wie es wäre, sie zu küssen. Es war ein angenehmer Gedanke, doch mehr als eine leichte Aufregung löste er nicht aus. Die vage erotische Anziehung, die Olivia zu Beginn auf mich hatte, begleitete beiläufig die ersten Monate. Doch sie war nicht maßgeblich für mein Interesse an ihr als Freundin. Heute, ein paar Jahre später, käme es mir unpassend vor, mit Olivia zu knutschen oder sexuelle Erregung mit ihr zu teilen. Nicht unangenehm oder verstörend, bloß irgendwie – unnötig, weil es andere Dinge sind, die uns viel mehr verbinden. Doch noch immer gefällt sie mir, und wäre ich ein Mann, sie wäre immer noch mein Traum.

Unter welchen Bedingungen Frauen von ihren Geschlechtsgenossinnen sexuell erregt werden, untersuchte 2004 die kanadische Sexualforscherin Meredith Chivers. In einem großangelegten Versuch spielte sie ihren Probanden – Männer und Frauen, hetero-, bi- und homosexuell – unterschiedliche Varianten von Pornographie vor: Männer und Frauen beim Vögeln, Männer und Frauen beim Masturbieren, Männer und Männer beim Vögeln, Frauen und Frauen beim Vögeln, attraktive nackte Menschen beim Yoga. Und Bonobo-Zwergschimpansen beim Kopulieren. Chivers maß die Reaktion der Genitalien, die diese Darstellungen auslösten, und ließ die Probanden gleichzeitig den Grad ihrer Erregung benennen. Das Ergebnis brachte großes Medienecho und die *New York Times* bezeichnete Chivers daraufhin als »Erfinderin des Bonobo-Pornos«. Die männlichen Teilnehmer wurden von dem erregt, was sie zuvor auch als ihre sexuelle Präferenz benannt hatten: Heteromänner von Frauen, schwule Männer von Männern. Keiner vom Sex der Affen. Bei den Frauen hingegen kam Meredith Chivers zu einer unerwarteten Erkenntnis: Die Genitalien der Frauen reagierten eindeutig auf jede der gezeigten sexuellen Aktivitäten – auch auf kopulierende Bonobos. Allerdings nahmen die Probandinnen die körperliche Erregung nicht in jedem Fall wahr. Bewusst reagierten auch sie nur auf die Bilder, die das zeigten, was sie selbst ihrer sexuellen Orientierung zurechneten. »Da ich nicht davon ausgehe, dass Frauen Sex mit Zwergschimpansen möchten«, sagte Chivers dazu in einem Interview, »ergibt sich der zwingende Rückschluss, dass bei Frauen Kopf und Körper weitaus unabhängiger reagieren, als man bisher vermutet hat.« Warum der weibliche Körper Erregung zeigen kann, ohne dass die Frau Lust empfindet, ist noch nicht erforscht. Es könnte eine Überlebensreaktion sein. Bei Vergewaltigung kann die Befeuchtung der Vagina als rein physische Reaktion womöglich die Gefahr schwerer Verletzungen etwas verringern.

Physische Anziehung und das, was Tantriker »genitales Interesse« nennen, ist der Glutkern von Sexualität. Innigkeit und Nähe sind wichtige Bestandteile von Freundschaft. Manchmal verschmilzt beides zu Liebe. Doch ebenso häufig umkreist es sich auf weniger klar definierte Weise und sprüht dabei den einen oder anderen Funken. Die Rolle, die erotische Anziehung zwischen zwei Menschen spielt, gehört zum Bereich der Sexualität, nicht zum Bereich der Freundschaft. Sie hängt von unzähligen und immer wieder veränderlichen Faktoren ab. Ob eine Verbindung, egal mit welchem Geschlecht, platonisch ist, platonisch bleibt oder sich in irgendeine andere Richtung erweitern kann, lässt sich dennoch feststellen: Indem man es, falls man die Lust dazu verspürt, ausprobiert. Sex und Freundschaft sind zwei völlig unterschiedliche Gebäude. Aber sie stehen im selben Park. Zu lernen, bei Bedarf zwischen ihnen hin und her zu wechseln, kann eine große und schöne Aufgabe sein. Sie hat ziemlich viel mit Kommunikation zu tun. Und natürlich auch mit der zwingenden Voraussetzung, dass sich beide Beteiligte im gleichen Gebäude begegnen wollen.

12
KAFFEE

In der repräsentativen Studie »Freunde fürs Leben«, die das Allensbacher Institut für Demographie 2014 vorlegte, gaben 49 Prozent der Befragten an, mit den besten Freunden gerne gemütlich zu Hause zu sitzen, »bei einem Bier, einem Glas Wein oder einem Prosecco«. 35 Prozent »trinken öfter mal einen Kaffee zusammen«. Auftraggeber der Studie war ein großer Kaffeehersteller. »Was gibt es Besseres, als ein Treffen bei einer guten Tasse Kaffee?«, fragte dessen Marketingmanager schelmisch in einem Fernsehbeitrag, in dem die Ergebnisse der Demographen vorgestellt wurden. Aber es ist nicht die Tasse Kaffee, um die es bei einer Freundschaft geht. Die allzu leicht zu bebildernde Vorstellung, dass Freundschaft, erst recht die zwischen Frauen, behaglich sein müsse wie ein Cappuccino oder prickelnd wie Prosecco, lässt uns darin nach falschen Harmonien und allzu schalem Wohlgefühl suchen. Echte, entwicklungsfähige Freundschaft ist keine Pause und kein Zeitvertreib. Sie ist eine Beziehung. Sie benötigt viele verschiedene Formen von Präsenz. Doch etwas an dem Bild ist trotzdem richtig: Freundschaft bedeutet, dass zwei Menschen sich immer wieder von neuem die Mühe machen, gleichzeitig am selben Ort zu sein. Geistig und emotional. Und, mindestens gelegentlich, auch in Fleisch und Blut.

Als die amerikanische Freundschaftsinitiative »Lifeboat« 2013 eine repräsentative Studie zur Lebenszufriedenheit in Bezug auf die eigenen Freundschaften durchführte, fragte sie auch, wie die Befragten ihre Freunde kennengelernt hatten und welche Rolle virtuelle Netzwerke dabei spielten. Nur 18 Prozent hatten mindestens mit einer Person eine reale Freundschaft aufgebaut, nachdem sie mit dieser auf Facebook in Kontakt gekommen waren. 54 Prozent gaben an, den meisten Menschen, die Freunde wurden, zunächst im realen Leben begegnet zu sein. Ein Zusammenhang zwischen der Anzahl von Facebookfreunden und den Aktivitäten in sozialen Medien sowie der allgemeinen Lebenszufriedenheit war dabei nicht festzustellen – weder im positiven noch im negativen Sinn. Andere Untersuchungen kommen zu ähnlichen Schlüssen. Es ist völlig egal, ob und wie viele Freunde man in sozialen Medien hat. Es geht darum, dass man sie von realen Freunden unterscheiden kann. Dass man weiß, dass sie mit wirklichen Freunden nur das F-Wort gemeinsam haben. Um Gelegenheiten für reale Kontakt zu schaffen, ist hingegen jedes Mittel gut. »Wenn Sie Ihre Urgroßmutter gefragt hätten, wie viele Freunde sie hat, wäre die Antwort vermutlich gewesen: zwei oder drei enge, eine Handvoll weniger enge, viele lose Bekannte«, sagte der Soziologe Nicholas Christakis 2012 in der *Zeit*, als er zur Auswirkung von sozialen Medien auf unsere Freundschaften befragt wurde. »Dieselbe Auskunft bekommen Sie von Ihrer Tochter. Wie das Netz unserer Beziehungen aussieht, daran kann die Technik nichts ändern. Sie erleichtert es aber, es zu knüpfen.«

Olivia und ich haben uns die wichtigen Dinge seit Jahren immer per Mail geschrieben. Oft sehr Persönliches, das im direkten Gespräch zu viel Gewicht eingenommen hätte. Doch damit ist es nun wohl vorbei. Neulich waren wir in einem Café, das sie vor kurzem entdeckt hatte und mir unbedingt zeigen wollte. Als die Bedienung unsere Tassen gebracht hatte, erwähnte Olivia, dass nun der Termin ihrer Hochzeit feststünde. Nach langen Jahren hatten sie und ihr Lebensgefährte beschlossen, zu heiraten, wir hatten oft darüber gesprochen. Ich wühlte nach meinem Kalender, um den Termin einzutragen. »Wir feiern wohl nur im kleinen Kreis.« Dann murmelte sie etwas, das ich erst nicht verstand. Weil ich es nicht verstehen wollte. Sie murmelte, Eva werde ihre Trauzeugin sein. Ihre Freundin Eva, die ich flüchtig kannte und die mir immer aus dem Weg gegangen war. Ich war wie erschlagen. »Ja, okay, verstehe.« – »Du bist nicht sauer, oder?«, fragte Olivia kleinlaut. »Nö, warum? Ist doch deine freie Entscheidung«, hörte ich mich mit dürrer Stimme sagen. »Reis kann ich ja auch so werfen.« »Na ja«, meinte Olivia und räusperte sich unglücklich. »Eigentlich wollten wir keine Freunde einladen, das wird sonst alles so groß. Nur Coralie. Weil ihr Mann ja Willis

Trauzeuge ist.« Jetzt war es zu viel für mich. Eine andere war Trauzeugin. Olivias Freundin Coralie war zur Hochzeit eingeladen. Ich hingegen nicht. Ich wollte nur noch nach Hause. Dort warf ich mich aufs Bett und heulte den ganzen Abend. Ich hätte die Hand dafür ins Feuer gelegt, dass Olivia und ich dicke miteinander waren. Dass sie mir gegenüber aufrichtig gewesen war. Dass auch ihr die vielen Treffen, die Spaziergänge, die Nächte in den Bars etwas bedeutet hatten, dass sie sich in ihr angereichert hatten wie in mir. Dass ich ihre Freundin, eine enge Freundin für sie war. Jetzt wollte sie mich nicht bei ihrer Hochzeit dabeihaben. Offenbar war ich ihr nicht mal annähernd so wichtig wie sie mir. Wieso habe ich das nicht erkannt?

In den folgenden Tagen grübelte ich viel und haderte mit mir. Was nützt die Theorie, wenn die Praxis trotzdem so wehtut? Warum nur hatte ich meine Vorsicht aufgegeben und mich auf so viel emotionale Verbindlichkeit mit jemandem eingelassen, mit dem kein verbindlicher Rahmen bestand? »Wenn ich merke, dass eine Freundschaft mich enttäuscht, bin ich meist von mir selbst enttäuscht«, sagte die niederländische Schriftstellerin Connie Palmen in einem Interview. Doch das hilft auch nicht weiter. Das Schlimmste ist, dass ich keinen Grund finde, auf Olivia wütend zu sein. Sie hat mit ihrer Entscheidung nichts Falsches getan. Freundschaft erzeugt keine reale Zugehörigkeit. Das unterscheidet sie von anderen Beziehungen wie Verwandtschaft oder Ehe. Auch die engste, tiefste, wahrste Freundschaft zwischen zwei Menschen beruht immer nur auf einer behaupteten und vielleicht gefühlten

Gemeinschaft. Darin liegt ihre Besonderheit und auch ihre Freiheit. Freundschaft ist freiwillig. Sie kann jederzeit und ohne Erklärung enden. Inzwischen kann ich diese Dinge wieder ruhiger überdenken. Doch in der ersten Zeit nach diesem Treffen mit Olivia, als ich jeden Tag heulend auf meinen Bett lag, hätte ich darauf liebend gerne gepfiffen. Und stattdessen vielleicht ein paar Tassen Kaffee an die Wand geworfen.

TEIL VIER

FREUNDSCHAFT SELBST

1
WITWEN

Frau Wirtz ist nun auch verwitwet. Das hat meine Mutter neulich am Telefon erzählt. Schon viele Jahre hat sie sie immer mal wieder im Dorf getroffen, beim Einkaufen oder auf der Post. Doch meist kam es nicht zu einem Gespräch. Meist war Frau Wirtz mit ihrem Mann unterwegs. »Herr Wirtz war ein ziemlicher Eigenbrötler«, meint meine Mutter. Das ist eine starke Beschönigung. Herr Wirtz war ein grimmiger, alter Einzelgänger, der knurrende Geräusche von sich gab, wenn die Höflichkeit gebot, eine halbe Minute stehenzubleiben und zu plaudern, weil man einer Nachbarin aus dem Turnverein über den Weg lief. Seit Herr Wirtz im Jenseits grummelt, ist Frau Wirtz offenbar eine andere geworden. Das berichtet jedenfalls meine Mutter. Neulich waren die beiden älteren Frauen zusammen bei einem Vortrag über Bali. »Frau Wirtz hat gesagt, dass sie dort gerne einmal hinreisen würde«, sagte meine Mutter. »Alleine würde sie sich nicht trauen, aber mit mir wäre sie dafür zu haben.« Potentielle Reisepartnerinnen stehen bei meiner Mutter Schlange, seitdem vor zwei Jahren auch ihr Mann gestorben ist. Das Alter hat sich für sie zu einer positiven Phase entwickelt, seitdem sie Witwe ist. Es ist für sie zu einer Zeit geworden, in der sie über freie Zeit verfügen kann. Ohne einen Mann, der fordert und gängelt und erwartet, dass sich die Welt daheim um seine Bedürfnisse dreht, weil das in dieser Generation und bei dieser Sorte Männer oft die Regel war. Ich war überrascht und erfreut, als ich entdeckte, wie meine Mutter aufblüht. Wie sie plötzlich munter und tatendurstig geworden ist. Sich immer öfter eine Pause gönnt und sich ihren Interessen widmet. Wie sie nach Herzenslust Konzerte und Theaterstücke besucht und sich nach und nach zur Cineastin zu wandeln scheint. Wie auf einmal auch wieder Freundinnen bei ihr auftauchen. Freundliche, lebenserfahrene Frauen, die ihr Mann früher zuverlässig verbellt hätte.

Fast die Hälfte aller Frauen über 65 leben in Deutschland allein. Bei den über 75-Jährigen sind es fast 60 Prozent. »Frauen, die alleine leben, besitzen differenziertere Freundschaftskonzepte als Frauen, die mit einem Partner zusammenleben«, heißt es in einem Überblicksaufsatz zur psychologischen Freundschaftsforschung, den der Hagener Psychologe Horst Heidbrink 2009 veröffentlichte. »Ein Drittel der Frauen zwischen 70 und 80 Jahren und zwei Drittel aller Frauen im Alter ab 80 Jahren hat den Ehepartner durch Tod verloren und nicht wieder geheiratet«, steht in einem Report über das Leben im Alter, den das Deutsche Zentrum für Altersfragen 2013 vorlegte. Die sogenannte Verwitwetenquote sinkt zwar. Doch dafür gibt es zunehmend mehr Scheidungen im höheren Alter. Die Zahlen deuten alle in die gleiche Richtung. Statistisch scheint es für Frauen sinnvoll zu sein, sich nicht allzu einseitig auf das Leben mit einem einzigen Menschen, einem Partner, zu konzentrieren. Sondern so viel wie möglich auch für ihre Freundschaften zu tun. Irgendwann kann man sie vielleicht brauchen.

Die älteste Freundschaft meiner Mutter stammt aus den Jahren nach dem Lehrabschluss in den 50er Jahren. Sie und Trudi lernten sich als Lehrtöchter kennen. Noch unverheiratet, teilten sie sich das Zimmer in einer Pension, unter Aufsicht einer strengen Wirtin, die darauf achtete, dass die jungen Mädchen, die neu vom Land gekommen waren, auf keinen Fall unter die Räder der Großstadt gerieten. Während diese, so viel weiß ich von den vergilbten Fotos in den Alben meiner Mutter, durchaus hin und wieder Gelegenheit fanden, die karge Freizeit zu genießen. Die Befragten über 60 kennen ihre beste Freundin oder den besten Freund im statistischen Durchschnitt seit 39 Jahren. Das hat die Studie »Freunde fürs Leben« des Instituts für Demoskopie in Allensbach ergeben. Mehr als das halbe Leben. Alte Freunde erleben viele Stadien der Verwandlung miteinander. Auch meine Mutter und Trudi wurden von kaum volljährigen Auszubildenden gemeinsam zu jungen Frauen, zu verlobten Frauen, zu verheirateten Frauen, zu Müttern. Die Kinder wurden größer, die Frauen unglücklicher, die eine Ehe wurde geschieden, die andere endete früh durch Tod. Die Freundschaft zu Trudi ist meiner Mutter das ganze Leben geblieben. Sie hat sich darum bemüht, und im Alter zahlt sich das Investment scheinbar aus. Doch Trudi lebt seit Jahrzehnten weit entfernt, und die Telefonate, die beide immer wieder führen, reichen für den Alltag nicht aus. Dafür sind andere Frauen da. Die Freundinnen, die meine Mutter später gefunden hat. Denn nicht jede Freundschaft, die im Alter trägt, stammt zwingend aus der Jugend.

Im Mai 2013 porträtierte die Fernsehzeitschrift *Hörzu* zwei Frauen um die 80, beide verwitwet. Vor zehn Jahren liefen sie sich zufällig in einer Buchhandlung über den Weg. Die eine fragte die andere, weil sie ihr sympathisch erschien, spontan, ob sie »Lust auf einen Capuccino« habe. Die andere hatte, und seither treffen sich die beiden fast täglich und sind einander zu besten Freundinnen geworden. Was der Trick sei, um im hohen Alter noch neue Freundschaften aufzubauen, werden die beiden in dem Artikel gefragt. »Offen bleiben für neue Impulse«, sagt die eine. »Die Vorlieben des anderen auch für sich entdecken, gemeinsam noch etwas Neues erlernen.« Die andere findet noch etwas Zweites sehr wichtig: »Eine Freundin, die sich wie eine blöde Kuh benimmt, muss man einfach eine blöde Kuh nennen. Aber ins Gesicht. In aller Freundschaft. Und dann die Hand drauf.«

Eine Freundschaft muss nicht aus der Jugend stammen. Doch die Fähigkeit zur Freundschaft ist es, die dort wohl angelegt wird. Das Grundvertrauen in eine solche Beziehung. Darauf bauen sich im besten Fall im Lauf der Jahre Erfahrungen auf, sammelt sich Übung aus vielen Lebensphasen an. Und irgendwann wird daraus dann vielleicht ein halbwegs verlässliches Wissen darüber, wie das überhaupt geht und wie es sich immer wieder trainieren, anpassen, von Neuem anwenden lässt: die Freundschaft zwischen Frauen.

2
BÄLLE

»Ich finde es gut, dass wir uns nun wieder öfter sehen«, sagte Maja neulich zum Abschied. Wir hatten uns davor zu zweit getroffen, zum dritten oder vierten Mal nach einer fast zehnjährigen Pause. Damals war unsere Freundschaft wütend zerstoben, während einer Geburtstagsparty, mit einem einzigen, eskalierenden Streit, dessen Auslöser ich nie erfuhr. Ich weiß nur, dass nichts von dem, was zur Sprache kam, wirklich der Grund dafür sein konnte, dass Maja von einer Minute auf die andere nichts mehr mit mir zu tun haben wollte. Das war mir schon klar, als sie mir in der Küche der Gastgeber wüste Anschuldigungen zubrüllte. Sie kamen für mich völlig unvorbereitet. Davor war der Abend unauffällig verlaufen, allenfalls ein wenig angespannt, weil wir beide Kopfschmerzen hatten und keine von uns die anderen Gäste kannte oder besonders sympathisch fand. Ein paar Tage war ich noch wie vom Donner gerührt. Dann verlor ich das Interesse. An den Gründen des Streits ebenso wie an der Freundschaft. Dann eben nicht. Als Maja nach ein oder zwei Jahren schrieb, um zu fragen, ob wir uns wieder einmal sehen wollten, winkte ich ab. In der sozialen Verdünnung unseres immer noch gemeinsamen Bekanntenkreises liefen wir uns in den folgenden Jahren gelegentlich über den Weg, ohne Eskalation, aber auch ohne persönliche Worte. Doch nach fünf oder sechs Jahren wurde der Smalltalk bei diesen Gelegenheiten etwas länger. Ganz langsam näherten wir uns wieder an. Oft war ihr Mann dabei. Vor etwa einem Jahr verabredeten wir uns zum ersten Mal wieder zu zweit in einem Café. »Gibt es eigentlich noch was zu klären?«, fragte ich, nachdem wir fast eine Stunde nur über alltägliche Dinge gesprochen hatten. Maja schien erstaunt. »Nö, warum?« Klärende Gespräche, bemerkte sie, könne sie nicht leiden. Ich war verwirrt. Warum wollte sie mich dann alleine sehen? Es schien mir nur natürlich, dass sie die Gelegenheit nutzte, ihr einstiges Handeln zu erklären, um einen Konflikt zu bereinigen. Immerhin hatte ihr jäher Ausbruch dazu geführt, dass wir uns in einer fremden Wohnung fast an den Haaren gerissen und danach unsere Freundschaft abgebrochen hatten. Doch Maja schüttelte nur lässig den Kopf. Eigentlich war sie auch früher nie der Typ für allzu persönliche Gespräche gewesen. Das hatte ich scheinbar immer unterschätzt.

Am Anfang dieser neuen Begegnungen war ich reserviert und zögerlich. Doch nach wenigen Minuten überkam mich jedes Mal eine unerwartet große Freude, Maja wiederzusehen. Sie war mir so vertraut. Die Abruptheit, mit der sie ihre Handtasche auf einem Stuhl plaziert. Der Blick, mit dem sie die Umgebung streift, eine allgemeine Zackigkeit, hinter der sich ihre Empfindlichkeit nicht vollständig verbergen kann. Und auch die Art, wie sie auch mit einer nebensächlichen Bemerkung immer gleich das Wesentliche einer Situation erfasst und wie sie mir mit wenigen, klaren Worten Mut zusprechen kann. Maja hat mir gefehlt, das ist mir jedes Mal wieder eindeutig und überraschend deutlich klar geworden. Die unerklärte Eskalation steht immer noch als ungesicherter Abgrund zwischen uns. Doch offenbar schreckt er mich im Moment nicht mehr allzusehr ab.

Mit gehobenem Smalltalk und allgemeinen Erörterungen gehen wir nun wieder vorsichtig aufeinander zu. Ganz selten flicht sich doch etwas Persönliches ein, eine Bemerkung, was damals gewesen war oder hätte gesagt werden müssen. Aber nie antwortet die andere darauf mehr als mit einem vagen Nicken. Bloß nicht wieder in diese Grube stürzen. Beim letzten Treffen erzählte ich in beiläufigem Ton von ein paar persönlichen Dingen, die mich gerade beschäftigten. Dabei bemerkte ich zum ersten Mal, dass mir die leichte Distanziertheit zu Maja, die ich immer noch spüre, gar nicht unangenehm ist. Dass gerade sie die neue Nähe zu ihr zu erleichtern scheint. Eine Art Diskretionsabstand, den keine andere Freundin von mir fordert. Nach und nach wird mir klar, dass er der Vertrautheit mit Maja und auch der Sympathie zu ihr nicht schadet. Maja ist ein spröder, sperriger Charakter, dafür habe ich sie schon immer gemocht. Ein gewisser Abstand scheint ihr ein Bedürfnis zu sein, nicht nur zu mir offenbar. Das beginne ich erst jetzt zu erkennen. Er scheint die Rückseite ihrer Sensibilität und intensiven Aufmerksamkeit zu sein. Kein Makel ihrer Verbindung zu mir, keine Störung in unserem Kontakt. Sondern ein notwendiger Teil davon.

So haben wir nun neu angesetzt. Auch wenn wir darüber nicht sprechen, weiß ich, dass wir viele und wichtige Dinge voneinander wissen. Sie von mir, weil sie eine gute und kluge Beobachterin ist und vieles auch versteht, bevor es ausgesprochen ist. Ich von ihr, weil sie manches eben doch erwähnt. Wo das alles hinführt, weiß ich noch nicht. In unserer Freundschaft gibt es einen großen, sichtbaren Flicken, hinter dem sich ziemlich viel Ungesagtes verbirgt. Schon einmal ist die Verbindung zwischen uns jäh zerrissen. Wir können keine Unversehrtheit mehr behaupten. Ausgerechnet darin finde ich nun eine neue Zuversicht für uns. Die Art, wie Maja und ich miteinander umgehen, muss keinem Ideal mehr genügen, das ich von einer Freundschaft früher wohl einmal hatte. Über das, was beiden gefahrlos erscheint, plaudern wir längst wieder vertraut, und häufig kichern wir innig. Doch es ist möglich, dass das Gewebe wieder zerreißt, hier oder auch an einer anderen Stelle. Doch bis dahin vertragen wir uns. Ich finde es auch gut, dass wir uns nun wieder öfter sehen. Nach einer langen Pause hat eine von uns den Ball unserer Freundschaft auf Verdacht noch einmal der anderen übers

Netz geschlagen. Auf Verdacht spielte die andere ihn nochmal zurück. Maja war eine meiner ersten Freundinnen in Berlin, wir kennen uns seit über 20 Jahren. Wer weiß, vielleicht finden wir nochmal ins Spiel.

3
ÜBERGANG

Welche Belastungen eine Freundschaft ertragen kann, hängt mit dem Stadium zusammen, in dem sie sich befindet, und mit dem Maß an Geschichte, die man miteinander teilt. Und auch damit, dass sie überhaupt die Ebene erreicht hat, in der sie Belastungen erträgt. »Die fünf Stadien der Frauenfreundschaft« war im September 2016 ein Artikel im Lifestyle-Magazin Vice betitelt. Die Autorin, Monica Heisey, ist Ende 20 und auf das Lebensgefühl junger urbaner Frauen spezialisiert. Sie teilt Freundschaft unter Frauen so auf: »Das überwältigende Kennenlernen«, »Die Flitterwochen-Phase«, »Die Grenzüberschreitung«, »Das Ende« und »Die Zeit danach«. Es hört sich sehr nach Girl Crush an.

Die ersten beiden Phasen beschreibt die Autorin als

lodernd und intensiv: Die platonische Verbindung zu einer Frau, die man an der Uni oder beim Ausgehen kennenlernt und von der man so begeistert ist, dass man sie ununterbrochen um sich haben will. Neu entdeckte Gemeinsamkeiten »mit jemandem zu teilen, den man im Grunde gar nicht kennt, kann schon fast berauschend sein«, schreibt Heisey. In der Flitterwochen-Phase entsteht daraus eine Nähe, die ebenfalls wie eine Droge wirken kann. Man vertraut einander alle Geheimnisse an, erfindet eigene Codes und Geheimsprachen und interessiert sich für nichts und niemand anderen mehr. Freundschaft als Ausnahmezustand, in dem man sich auf einmal wieder sorglos und verstanden fühlt. Eine Erinnerung an das Gefühl aus Kindergartentagen, als man mit der besten Freundin zum ersten Mal die Freude am Verbünden entdeckte. In der dritten Phase wird nach Heiseys Theorie die Grenze zur Intimität überdehnt. Nicht durch Sex, sondern durch physische Überpräsenz und zu hohe emotionale Nähe. »Sich voreinander umziehen, beim Weggehen gegenseitig angrabschen und so weiter«, nennt sie als Beispiele für dieses Stadium. Und auch: der anderen Nacktfotos von sich schicken. Nicht mit der Absicht, sie aufzureizen. Sondern als Beweis dafür, dass man sich vor ihr, buchstäblich, entblößt. Dass man dasselbe auch umgekehrt erwartet. Das Einfordern von Intimität als Freundschaftsbeweis. Doch damit wandelt sich die Freude an der Gegenwart der anderen, der absichtslose Wunsch nach Nähe rasend schnell zur Erwartung, zum Zwang der dauernden Verfügbarkeit. »Ich glaube, wir sind uns in so kurzer Zeit so nahe gekommen, dass wir dachten, wir würden uns besser kennen, als wir es in Wirklichkeit taten«, lässt die Autorin eine 24-jährige Protagonistin in ihrem Artikel zum Ende einer solchen Freundschaft sagen. »Wenn du jemanden so schnell kennenlernst, findest du auch ziemlich schnell raus, dass ihr auf lange Sicht nicht zusammenpasst.« Frauenfreundschaften können extrem intensiv und erfüllend sein, schreibt Monica Heisey als Fazit. »Aber nicht alle anfänglich so großen Gefühle entwickeln sich zu lebenslangen Freundschaften.« Was sie nicht erwähnt: Dass dieser Ablauf nur eine von unzähligen Varianten ist, wie eine Verbindung zwischen Frauen sich entwickeln kann. Dass mit den Jahren noch ein paar andere dazukommen dürften. Dass das Schwierigste, wie in jeder menschlichen Beziehung, immer die Übergänge sind. Was sie auch nicht erwähnt: Dass eine Freundschaft sich oft ausgerechnet dann am stärksten entwickelt, wenn sie von einen Stadium ins andere übergeht und man dabei strauchelt. Dass sich ihr Potential gerade daran am deutlichsten zeigt, dass sie an einem Übergang scheitern könnte – man sie aber nicht lässt.

Aus einer sexuell motivierten Affäre kann eine echte Liebesbeziehung werden. Aus einem Girl Crush kann eine echte Freundschaft erwachsen. Doch die Wege dahin führen in entgegengesetzte Richtungen, und Überhitzung ist für beide tödlich. Für eine Liebesbeziehung muss das Lodern der Affäre zu echter Nähe, zu seelischer Intimität, zu anhaltender Wärme werden können. In der Freundschaft zu einer anderen Frau hingegen muss die anfängliche

Hitze etwas heruntereguliert werden, muss der Schritt zur gesunden Distanz gelingen. In einer Frauenfreundschaft benötigt man so viel Abstand zur anderen, dass man die eigene Luft atmen kann. Und gleichzeitig genügend Nähe, um sie noch klar zu sehen. Nicht mehr so, dass man jeden Pickel vor Augen hat. Aber doch so, dass man in der Freundin auch sich selbst noch ein bisschen erkennt.

Nach und nach gewöhnte ich mich an den Gedanken, dass vielleicht auch meine Erwartungen an Olivia sich zu schnell erhitzten und ich eine Alltagsnähe zu ihr zu fordern begann, die zu geben sie nicht bereit war, oder jedenfalls nicht in dieser Situation. Dass ich womöglich etwas anderes von dieser Freundschaft erwartet habe als sie. Dass ich mich zu sehr darauf verlassen habe, dass unsere Ideale in dieser Sache die gleichen sind. Dass ich zu selbstverständlich davon ausging, dass wir die gleichen Regeln befolgen.
Tragende Freundschaften entwickeln sich dadurch, dass man immer und immer wieder gemeinsam Übergänge zu überstehen versucht. Dass man daran festhält, auch wenn es holpert oder eine Durststrecke kommt. Doch es gibt kein Anrecht darauf und auch keine Garantien. Man kann nur immer wieder üben und darauf vertrauen, dass man mit der Zeit unterscheiden lernt, welche Freundschaften nach einer Erschütterung nur etwas aufgebürstet werden müssen und welche zerbrochen bleiben. Welche nach einer Abkühlung ein bisschen Wärme brauchen, um neue Blüten zu treiben. Und welche durch erneutes Erhitzen nur schal und bitter werden. Wo man bereit

sein sollte, zu warten und wo alles einfach zum Ende gekommen ist.

Vor zwei Wochen habe ich Olivia geschrieben. Ich habe ihr geschrieben, wie verletzt ich bin, dass sie mich nicht bei ihrer Hochzeit dabeihaben will. Wie abserviert ich mich deswegen fühle, und dass ich darauf überhaupt nicht vorbereitet war. Dass ich nicht erkannt habe, dass ich sie offenbar mehr brauche als sie mich. So etwas hatte ich in solcher Ausführlichkeit noch nie einer Freundin mitgeteilt. Einer Frau schriftlich meine Gefühle erklärt wie einem Geliebten. Es kam mir so absurd vor, als hätte ich meiner Schwester meine Gefühle erklärt. Dinge benannt, die mit Worten kaum zu erreichen sind, die ganz anderen Regeln unterliegen. Wozu sollte das noch nützen? Trotzdem drückte ich auf »Senden«. Ich gebe so ungern auf.

4
IDEAL

Freundschaft hat viel mit eingehaltenen Regeln zu tun. Und sehr viel mit einem Ideal. Das ist eine Erkenntnis der Freundschaftsforschung. Durch das Einhalten bestimmter

Regeln gegenüber Menschen, die uns wichtig sind, stellen wir immer von Neuem unsere alltägliche Tauglichkeit als Freundin oder Freund unter Beweis und wahren dadurch das Vertrauen. Vom anderen erwarten wir das Gleiche. Recht viele Leute finden es zum Beispiel vertretbar, wenn man mal jemandem eine Parklücke vor der Nase wegschnappt. Aber nur wenige fänden das in Ordnung, wenn man es bei Freunden tut. Manchen erscheint es verzeihlich, einen Geldschein zu behalten, der einem Passanten unbemerkt aus der Tasche gefallen ist. Doch nur wenige fänden das noch redlich, wenn es sich dabei um das Geld einer Freundin handelt. Viele Leute finden wenig dabei, wenn man sich auf heimliche amouröse Abenteuer mit einem verheirateten Mann einlässt. Doch kaum jemand fände das akzeptabel, wenn es sich dabei um den Mann einer Freundin handelt. Es sind gängige Normen und Regeln, die für so gut wie jede Freundschaft gelten. Wenn jemand die unausgesprochenen Normen, Erwartungen und Regeln einer Freundschaft verletzt, »kann sich die Qualität einer Freundschaft verringern oder sogar ihr Fortbestehen gefährdet werden«, schrieb der amerikanische Kommunikationsforscher Jeffrey A. Hall 2011 in seiner Vergleichsstudie über Freundschaftsideale. Er nennt die Verhaltensstandards, die wir in solchen Beziehungen erwarten, »ungeschriebene Verträge«.

Man kann auch sagen: Wir erwarten von Freunden, dass sie bessere Menschen sind als all diejenigen, die nicht unsere Freunde sind, und dass sie das immer wieder beweisen. Doch wir erwarten von Freunden noch mehr. Wir erwarten auch, dass sie möglichst nah an unsere persönlichen Ideale reichen. »Durch wiederholte Handlungen mit bestimmten Freunden entwickeln sich Erwartungen an ein bestimmtes Verhalten«, stellt Hall in seiner Arbeit fest. Das Vertrauen, dass unsere selbstgewählten Gegenüber die gemeinsamen, strengeren moralischen Regeln immer wieder von Neuem einhalten, festigen nicht nur unsere Verbindung zueinander. Sie stabilisieren unser Vertrauen in das gesamte Konzept von Freundschaft. Wie mit einem Moskitonetz umhüllen wir mit den praktizierten Idealen die uns nahestehenden Menschen und bilden damit für sie und uns einen Schutzraum innerhalb einer ansonsten zu großen, unüberschaubaren und oft auch allzu gefährlich erscheinenden Welt.

In seiner Vergleichsstudie wollte Hall auch wissen, wie Freundschaftsideale und Freundschaftsregeln überhaupt entstehen. Dabei stellte er fest, dass fast alle Vorstellungen von »idealer« Freundschaft in der Jugend geformt werden und »im Lauf eines Lebens relativ unverändert« bleiben. Und zwar ziemlich oft zu Ungunsten dessen, was wir mit unseren realen Freunden tatsächlich erleben. »Ich schätze, ich habe eine falsche Vorstellung von Freundschaft entwickelt«, schrieb eine Benutzerin 2010 im Internetforum *hilferuf.de*. Freundschaft bedeute für sie, »alles für bestimmte Menschen tun, ich könnte mir auch vorstellen, jemanden dafür umzubringen. Ich würde mich selbst auch opfern, wenn es diesen Menschen das Leben retten würde.« Sie habe gedacht, »das, was man anderen gibt, bekommt man auch zurück. Was ist an mir oder meiner Denkweise falsch?« Nichts, bekommt sie als Antwort. »Das ist heutzutage halt so«, wie ein anderer, schon desillusionierter Nutzer schreibt. »Aber was wären das für Freunde, wenn ich von Anfang an schon nichts von denen erwarten könnte?«, insistiert die Fragestellerin.

Ein Merkmal von Idealen ist die unrealistische Überhöhung. Das ist auch bei Beziehungsidealen so. Ein gängiges Bild idealer Freundschaft sieht vor, schon beim Kennenlernen ein so perfekter Freund, eine so makellose Freundin zu sein, dass sich einem die andere Person vom ersten Moment an unbesehen öffnen könnte. Dahinter steckt die Sehnsucht, sich dem anderen ebenso zügig und mühelos anvertrauen zu können. Doch so funktioniert es nicht. Freundschaft ist kein Fertighaus aus Wunschvorstellungen, die man einfach zusammenstecken kann, um möglichst schnell darin zu wohnen. Freundschaft baut sich Stück für Stück aus gemeinsam aufgeschichteten Erlebnissen und Erfahrungen auf, verfügt sich durch immer mehr Momente, in denen man sich voreinander bewährt. Das dauert. Man fängt damit am besten ganz klein an. Damit nach oben noch Platz ist, sollte die Sache länger laufen.

Hin und wieder treffe ich mich mit meiner ehemaligen Nachbarin, einer Frau aus Guatemala, um mit ihr deutsche Konversation zu üben. Sie ist mit einem Deutschen verheiratet, der sich als ziemlich anspruchsvoll entpuppt. Während er arbeitet, kann sie ihre Zeit einteilen. Doch wenn er da ist, erwartet er ihre volle Aufmerksamkeit. Zum Glück, sagt meine ehemalige Nachbarin, ist ihr Mann Spätaufsteher. Und zum Glück macht das Bäckereicafé bei ihr um die Ecke schon um sieben Uhr auf. »Während er noch schläft, kann ich mit meinen Freundinnen dort frühstücken gehen. Er hat nichts dagegen.« Jedenfalls dann nicht, wenn sie um neun, wenn er erwacht, wieder zu Hause ist. Nur ist leider auch ihre beste Freundin Spätaufsteherin und schafft es nur selten schon um sieben dorthin. Neulich hat sie mal nachmittags bei mir geklingelt, zu einem Termin, den wir ganz sicher nicht abgemacht hatten. Ich war auf dem Sprung zu einer Verabredung und hatte kaum Zeit, ihr das zu erklären. Doch sie schien erstaunlich wenig enttäuscht. »Ach, macht nichts«, lachte sie. »Dann gehe ich eben mit meiner Freundin ein bisschen Kaffee trinken.« Vielleicht war das sowieso der Sinn. Ihre Freundin kennt nämlich sowohl den strengen Mann als auch die Regeln der Freundschaft. Sie wird über die Kaffeepause schweigen, die ihre Freundin sich ohne Wissen des Mannes mitten am Tag stibitzt hat. Auch das ist nämlich eine dieser Regeln: dass man Freunden dabei hilft, bei den Regeln der anderen manchmal ein wenig zu schummeln.

5
DESHAMING

Es hätte Zeiten gegeben, da hätte mich Sherry wahnsinnig genervt. Ich hätte ständig das Gefühl gehabt hätte, etwas falsch zu machen. Sherry hat nämlich einen Grundsatz. Sie äußert grundsätzlich keine Kommentare zu Körperformen. Vielleicht macht sie ein Kompliment über ein schönes Kleid oder über besonders tolle Schuhe. Aber sie kommentiert keinen Gewichtsverlust, keine Frisur, keine hässliche Narbe, keine schönen Augen, weder bei sich noch bei anderen. Sogar dann, wenn ein spöttischer Kommentar an die Adresse von jemandem ginge, der anderen schadet. Als wir einmal in einer Runde scherzten, was zu sagen sei, wenn einem ein Exhibitionist ungebeten sein Geschlechtsteil präsentiert, kicherte sie munter mit. Wir überboten uns mit immer absurderen Reaktionen in einer solchen Situation. »Sieht aus wie ein Penis, bloß kleiner«, schlug ich vor. Die anderen lachten. Sherry nicht. »I don't do bodyshaming anymore«, sagte sie – sie lästere nicht mehr über die Körper anderer Leute. Für einen Moment war ich irritiert. Der Exhibitionist interessiert sich doch auch nicht für das Befinden derer, die er belästigt, wollte ich argumentieren. Warum belohnt sie ihn mit Milde? Doch darum ging es Sherry nicht. Es ging ihr um ein Prinzip. Meine Freundin zählt sich aufgrund ihrer Persönlichkeit und ihres Lebensstils zu einer Gesellschaftsgruppe, die oft mit Vorurteilen konfrontiert ist. Sie denkt sehr politisch und fühlt sich dafür verantwortlich, Werte wie Fairness und Gleichrangigkeit in ihrem Alltag vehement und ohne Pardon umzusetzen. Der Verzicht auf jede Art von Bewertung von Menschen aufgrund ihres Äußeren und das Auslassen der Beurteilung von Körpermerkmalen ist ihre radikale Form dafür. Eine Art Veganismus der Sprache. Als ich sie kennenlernte, fiel es mir noch nicht auf. Ich bemerkte nur, dass der Umgang mit ihr angenehm war, weil sie mich bei der ersten Begegnung nicht musterte, wie das sonst viele Frauen tun.

Eine der schädlichsten Normen, die Freundinnen einander vermitteln, sind die Maßstäbe für Körperformen. »Ich muss dringend fünf Kilo abnehmen«, »Mit meiner Cellulite mag ich keine Röcke tragen«, aber auch »Hast du abgenommen? Du siehst gut aus«, ist unter Frauen oft Bestandteil einer normalen Kommunikation. Auf Englisch werden solche scheinbar sachlichen Aussagen »Fat Talk« genannt – Gespräche, in denen Körper beurteilt werden. Und zwar umso negativer, je fülliger sie sind. Freundinnen sind Hüterinnen und Vermittlerinnen unserer Normen. Was wir mit ihnen reden, prägt, was wir uns wünschen. Und es prägt, wofür wir uns schämen. Sehr häufig schämen wir uns am meisten dafür, wie unser Körper aussieht. Durch die Allgegenwart von solchem Fettgerede lernen Frauen voneinander, dass ein der Schlankheitsnorm entsprechendes Aussehen höchste Priorität haben muss. Dass es ein Mangel ist, wenn man dieser Norm nicht entsprechen will oder kann. Mit unüberlegten Aussagen über Äußerlichkeiten verankern Frauen untereinander die krank und unglücklich machende Vorstellung, dass es normal sei, sich aufgrund seines Körpers unzulänglich zu fühlen. Dass man sich ständig verbessern müsse. Vor allem aber: dass Selbsthass weiblich sei und ständige Kritik am eigenen Körper einfach dazugehöre zum Leben einer Frau.

»Die Einstellung von Freundinnen beeinflusst signifikant die Sorge um die Figur und das Gewicht und das Essverhalten des einzelnen Gruppenmitglieds«, schrieb die Amberger Psychologin Katrin Kiehl 2010 in ihrer Dissertation zum Thema »Risikofaktoren für Essstörungen unter besonderer Berücksichtigung medialer Einflussfaktoren« an der Uni Regensburg. Bereits in den 1990er Jahren haben Untersuchungen ergeben, »dass unter den Mitgliedern von Mädchencliquen ein ähnliches Ausmaß an Sorge um die Figur und das Gewicht, gezügeltem Essverhalten und ungesunden Abnehmstrategien verbreitet ist«, wie Kiehl schreibt. In ihrer eigenen Stichprobe unter 458 Studentinnen zwischen 18 und 25 Jahren kam sie zudem zur Erkenntnis, »dass Frauen mit einem hohen Risiko für Essstörungen pro Woche deutlich mehr Stunden vor dem Fernseher und im Internet verbringen als Frauen mit einem niedrigen

Risiko, und in einem Monat mehr Zeitschriften lesen.« Die Psychologin stellt ausdrücklich fest, »dass nicht von einfachen Ursache-Wirkungszusammenhängen nach dem Motto ›in den Medien werden Magermodels präsentiert, deshalb entwickeln Frauen Probleme mit dem Essen und psychische Probleme‹ ausgegangen werden« dürfe. Jedoch gaben viele Studienteilnehmerinnen an, die entsprechenden Sendungen und Artikel überhaupt zu sehen, um »Diskussionsstoff für Gespräche mit Freunden« zu haben. Die Einflüsse sozialer Beziehungen sind komplex und die Wirkung entsteht in Nuancen. Doch sie summieren sich und schaffen neue Scham.

Mit der immensen Deutungsmacht aufeinander können Frauen einander ziemlich viel schaden. Doch das bedeutet im Umkehrschluss auch: Wenn wir damit aufhören, können wir einander mit wenig Aufwand auch ziemlich viel helfen. Seit ich Sherry kenne, bin ich in diesen Dingen aufmerksamer. Am Anfang nur, wenn sie dabei war. Obwohl sie das, was ich sagte, nicht kommentierte, fiel mir rasch auf, wie oft ich selbst Urteile fälle über Dinge, die mich nicht im Geringsten etwas angehen. Und dass es sehr oft unnötige und negative Urteile sind. Inzwischen nervt mich Sherry überhaupt nicht mehr. Die Freundschaft zu ihr lohnt sich. Nicht nur, weil sie lustig und schlau ist und eine teuflische Saint-Honoré-Torte backen kann. Sondern auch, weil sie mir ein paar neue Werte vermittelt hat, von denen ich sofort wusste, dass ich sie sehr gut brauchen kann. Auch von solchen neuen Ideen hängt in einer Freundschaft vieles ab. Ob wir bestimmte Werte gerade brauchen, die eine Freundin verkörpert. Ob wir sie mit ihr neu kennenlernen wollen, wiederfinden, noch einmal einüben müssen. Und manchmal vielleicht auch, ob wir den Mut brauchen können, den eine neue Freundin uns dabei machen kann, gegen ein paar alte Vorgaben zu rebellieren.

6
PRINZIP

Im Herbst 2016 wäre beinahe zum ersten Mal in der Geschichte eine Frau Präsident der USA geworden. In den Prognosen lag Hillary Clinton über Monate knapp vor ihrem politischen Gegner Donald Trump. Während dieser mit immer schauerlicheren Verlautbarungen auf sich aufmerksam machte, fand im Lager der Demokratin ein Schulterschluss statt: Die noch amtierende First Lady, Michelle Obama, bekannte sich bei einem gemeinsamen Auftritt während des Wahlkampfes zu Hillary Clinton. »Sie ist meine Freundin.« Sofort wurde die Allianz von den politischen Gegnern verhöhnt und darauf hingewiesen, dass es seit dem Wahlsieg von Barack Obama Spannungen zwischen beiden Paaren gegeben habe. Dass die beiden Frauen also gar nicht wirklich Freundinnen sein könnten. Das war natürlich politisches Geplänkel. Doch das Argument zielt auf ein Problem. Das Problem, dass einträchtiges, loyales Handeln zwischen Frauen nach wie vor nur innerhalb einer individuellen Verbindung als glaubwürdig gilt. Und nicht als Norm auch für unpersönliches Handeln zugunsten der eigenen, großen Gruppe.

Viele Frauen lehnen es schon ab, »Frauen« als eine Gruppe zu sehen, der sie gesellschaftlich und politisch angehören. Sie fühlen sich dadurch vereinnahmt und in eine Pflicht gesetzt. Männer hingegen handeln sehr oft und ganz selbstverständlich auch als Teil einer gesellschaftlichen Gruppe, der sie per Geburt und aufgrund ihres Geschlechts angehören. Angehöriger der Gruppe »Männer« zu sein, ist Teil ihrer Identität. Es ist eine große und mächtige Gruppe, und es lassen sich darin immer wieder neue Bündnisse schmieden, von denen der Einzelne profitieren kann. Dahinter steht die über unzählige Generationen zurückreichende Erfahrung, wie man durch Allianzen Macht zusammenhält. »Männer« als Gruppe zu sehen, der man als Mann gesellschaftlich und politisch angehört, ist klug. Es heißt nicht, dass man als Individuum nicht trotzdem viele Kränkungen, Nachteile und Niederlagen erleben kann. Aber es bedeutet auch Zugehörigkeit und damit positive Identität. Sich freiwillig von dieser Gruppe zu distanzieren, brächte mehr Nachteile als Vorteile. Umgekehrt tun ziemlich viele Frauen genau das: Indem sie sich aus Impuls oder Prinzip vorschnell von anderen Frauen abgrenzen, bloß um nicht dieser Gruppe zugerechnet zu werden.

1966 veröffentlichte der amerikanische Psychologe David Bakan einen bahnbrechenden Aufsatz, in dem er zwei grundlegend verschiedene Motivationen für menschliches Handeln skizzierte: »Agency« und »Communion« – Selbstbehauptung als Streben nach individueller Wirkmacht und rücksichtsvolles Handeln zugunsten einer Gemeinschaft. In seiner Studie über die Erwartungen an ideale Freunde verglich Jeffrey A. Hall auch die Erwartungen an die Wirkmacht von Freunden. »Freunde erscheinen oft aufgrund ihres Besitzes oder der Möglichkeiten, die sie eröffnen, als anziehend«, schreibt er. Besonders begehrt sind dabei Personen, die über Intelligenz, finanzielle Potenz und körperliche Attraktivität verfügen. Letztere ist bereits bei Kindern und Jugendlichen eine sehr verbreitete Freundschaftserwartung, wie zahlreiche Untersuchungen zeigen.

Doch viele Frauen weigern sich, sich nur aufgrund ihres Geschlechts mit einer anderen Frau zu verbünden, wenn sie diese im Einzelfall doch vielleicht gar nicht leiden können. Offene Zweckkoalitionen zu anderen Frauen kommen ihnen unredlich oder verlogen vor. Erst recht, wenn diese mächtig sind. »Meine Beobachtung ist, dass Männer untereinander eher Allianzen schmieden«, sagte die deutsche Soulsängerin Joy Denalane 2017 in einem Interview mit dem Magazin *Vice*. »Die sind dann für einen gewissen Zeitraum für beide gut und funktionieren auch, sie nähern sich aber nicht unbedingt weiter an. Das können Frauen nicht so gut.« Für Frauen stehen bei der Wahl einer Freundschaft öfter persönliche Sympathie und individuelle Nähe im Vordergrund. »Insgesamt scheinen Männer in einer gleichgeschlechtlichen Freundschaft der Wirkmacht des anderen größere Bedeutung beizumessen, als Frauen das tun«, schreibt Jeffrey A. Hall. Man könnte daraus schließen, dass Frauen zu wenig die Vorteile sehen, die ihnen die unpersönliche Solidarität mit anderen Frauen bringen kann. Dass sie zu wenig zwischen Freundschaft und Freundschaftlichkeit unterscheiden.

Freundschaft ist eine individuelle, private Beziehung. Freundschaftlichkeit ist eine Verhaltensweise, die die Vorteile gemeinschaftlichen Handels auch auf Personen überträgt, mit denen man keine enge individuelle Beziehung pflegt. Freundschaftlichkeit ist eine Fähigkeit, die Menschen untereinander stärker macht als allein, und die ihnen ermöglicht, sich als eine Gruppe zu begreifen. Und zwar als eine Gruppe, die so stark ist wie ihr schwächstes Glied. Man kann Freundschaftlichkeit auch »Solidarität« nennen. Frauen verdienen für gleiche Arbeit weniger Geld. Sie sind selten in wirklich einflussreichen Positionen. Sie haben global gesehen weniger Autorität in den meisten gesellschaftlichen Fragen. Wie kann man davon nicht beunruhigt sein?

Michelle Obamas zur Schau gestellte Solidarität mit Hillary Clinton hat nicht zu deren Sieg geführt. Die Wahl in den USA hat schließlich ein Mann gewonnen, der sich offen zur Abwertung von Frauen bekennt. Fast die Hälfte der Stimmen bekam er von weiblichen Wählern. Hasserfülltes Lagerdenken überflutet gegenwärtig die meisten politischen Diskussionen. Auch die Diskussion über die gesellschaftliche Dimension von »Männer« und »Frauen«. Das ist dumm und gefährlich. Hass fesselt Hassende immer an eine Opferidentität. Klug ist es, auf die Ebene der Handelnden zu kommen. Als Frau und als Mann. Damit man demnächst mal die wirklich wichtigen Probleme der Welt angehen könnte. Und zwar am besten zusammen.

7
GLAMOUR

Neulich war ich wieder mal mit Deborah unterwegs. Ein entfernter Kollege von ihr, berühmt für seine Präsenz in den Medien, feierte Geburtstag und hatte dabei im großen Stil eingeladen. Manche Gesichter kamen mir bekannt vor, während wir uns auf dem Weg zur Bar an schon ziemlich betrunkenen Trauben entspannt gekleideter Menschen vorbeidrückten. Als wir Getränke erobert und ein paar Häppchen vom Buffet verkostet hatten, schoben wir uns in den Sofa- und Sesselbereich, der am Ufer der Spree aufgebaut war. An einem etwas entfernten Tisch erkannte ich ein schönes, flächiges Gesicht. Es war K., bekannt aus Film und Fernsehen und in einem ähnlichen Feld tätig wie Deborah. »Hast du gesehen, K. ist auch da«, raunte ich ihr zu. Sofort horchte meine Freundin auf. K. hatte sie schon immer mal persönlich kennenlernen wollen. Mit den Worten »Bin gleich wieder da«, ließ sie mich stehen und trieb beiläufig auf K. zu. Ein wenig eifersüchtig war ich, dass ich so zügig meine Priorität bei ihr verlor und dass sie ganz offensichtlich auch keinen Sinn darin sah, dass ich sie zu K. begleite. Nach einer Weile kam sie, leicht schwankend, wieder, mit der ebenfalls schon recht angeschickerten K. und deren Begleiterin im Schlepptau. »Komm, wir tanzen.« »Mehr Sekt!« krähte K. nach ein paar Liedern und steuerte zur Bar. Mehr aus Verlegenheit begann ich ein Gespräch mit ihrer Begleiterin. Es stellte sich heraus, dass wir in derselben Branche arbeiten und gemeinsame Bekannte haben. »Keine Geschäfte mehr jetzt!«, gluckste K., als sie wiederkam, eine Flasche Champagner unter dem Arm und vier Gläser in der Hand. »Worüber ich eigentlich reden will, sind … Schuhe.« Ihre Zunge war inzwischen schon recht schwer. »Kauft ihr auch so gerne Schuhe?« Zuerst war ich ein wenig verunsichert, weil ich nicht wusste, was sie mit dieser Gesprächseröffnung bezweckte. Doch Deborah war sofort Feuer und Flamme. Schuhe sind eine ihrer Leidenschaften. Und Handtaschen. Umfänglich tauschten wir uns also über die Vor- und Nachteile verschiedener Absatzformen aus, über die besten Mittel gegen ausbeulendes Leder und über die Problematik der Gelkissen. Nach einer Weile landete das Gespräch bei Büstenhaltern. K. erzählte, wie sie neulich von einer vierschrötigen Unterwäscheverkäuferin einen Trick erfahren habe, wie man Druckstellen an der Schulter verhindern könne. Wir sprachen an diesem Abend noch über ziemlich viele andere Dinge. Make-up, Filme, Haargummis. Und irgendwann auch über Tampons. Immer reihum ging eine andere Getränke holen, manchmal tanzten wir zwischendurch. Hin und wieder schoben sich freundlich Männer heran, doch die interessierten scheinbar keine von uns. Es war ein Gekicher wie unter Teenagern, und gleichzeitig wurden alle Themen mit der notwendigen Ernsthaftigkeit behandelt. Natürlich kam auch die Stunde der aufrichtigen Selbstoffenbarungen. Deborah erläuterte ausführlich, warum sie ihre Knie nicht leiden kann und was sie an ihren Augenbrauen stört. »Aber neiiiin, du siehst doch super aus!«, entgegneten wir im Chor, und daraus sprach nicht der Alkohol, sondern der Wunsch, dass sie das glauben könne. Dieselbe Antwort bekam K.s Freundin, als sie über die Nachteile ihres auf den ersten Blick wunderschönen Haarschopfes klagte. Und auch als K. sachlich und detailliert erklärte, mit welcher Intensität sie das Fernseh-Make-up hasst, welche üblen Pickel sie davon bekommt und wie sehr sie sowieso das Gefühl hat, vor der Kamera verblüht auszusehen, übertrafen wir einander mit treuherzigen, aufrichtigen Beteuerungen, dass dem absolut nicht so sei. Dass sie, im Gegenteil, weder vor noch neben der Kamera an Glamour, Charme und Klugheit zu übertreffen sei. Was sie ja gerade bewies. Als der DJ Feierabend machte, war der Himmel schon rötlich aufgehellt. Zum Abschied umarmten wir uns alle. »Auf ein Nächstes!«, torkelte K. zum Abschied. »Und nicht wieder so viel saufen! Wir haben schließlich einen Ruf zu verlieren.« »Das war schön«, sagte Deborah, als wir uns auf den Weg zum Taxistand machten. »Hätte gar nicht gedacht, dass die so sympathisch ist.«

Was wir einander an diesem Abend durch die scheinbar so oberflächlichen Gespräche gewähren konnten, war eine Art Blankofreundschaft. Sie war aus dem spontanen Wunsch entstanden, anderen Frauen für einmal unbesehen zu vertrauen. Nicht den steilen, holprigen Weg über Mustern, Abschätzen, Einordnen und anschließendes Sicherheitsverschwistern nehmen zu müssen, mit dem man in weiblicher Gesellschaft so oft eine Konkurrentin, eine potentielle Feindin zunächst einmal zu schwächen versucht. Nicht die prominenteste der Frauen als Erstes auf ihre Makel abzuscannen, um sie möglichst schnell vom Thron holen zu können. Alle vier von uns teilen beruflich ein ähnliches Feld. Für Deborah wäre es ein Leichtes, aus K.s Offenbarungen Kapital zu schlagen. Doch sie wird es nicht tun. Es hat etwas mit Haltung zu tun.

Feministin zu sein heißt nicht, Männer abzulehnen. Es heißt auch nicht, auf die Strategien des Opfers zu setzen und daraus möglichst viele Vorteile auf Kosten anderer herauszuschlagen. Es heißt, einer anderen Frau nicht willentlich – und möglichst auch nicht aus Unkenntnis – zu schaden. Nicht mehr und nicht weniger als das. Es heißt, Verantwortung für die Bedingungen zu übernehmen, unter denen in dieser Gesellschaft Frauen und Männer zusammenleben, und zwar so, dass sie für alle gerechter sind. Noch immer ist das eine Entscheidung, die man im konkreten Fall meist bewusst zu fällen hat. Doch sie wird immer leichter. Und sie macht, wenn man sich nicht in sinnlose Grabenkämpfe verwickeln lässt, auch immer mehr Spaß.

8
VARIANTEN

Frau L. und Frau S. waren über 20 Jahre lang unmittelbare Nachbarinnen im gleichen modernistischen Hochhaus in einer deutschen Stadt. Frau L. wohnte im siebten Stock, Frau S. im elften. Als junge Mädchen hatten sie sich gekannt, lange bevor jede von ihnen, zunächst ohne das Wissen der anderen, in dieses Haus zog. Irgendwann mal wurde ihnen der unglaubliche Zufall klar. Doch beide waren inzwischen gebrechlich und lebten zurückgezogen, Frau L. dazu bettlägerig. Das hielt sie nicht davon ab, eine Brieffreundschaft zu beginnen. Jede Woche schrieben sie sich einen Brief. Ein Freund hat mir die Geschichte erzählt, er arbeitete während seines Studiums als Altenpfleger und sah regelmäßig nach Frau S. Als er von der Geschichte erfuhr, bot er ihr an, sie zu einem Besuch bei Frau L. zu begleiten. Doch das wollten die beiden Frauen nicht. Oder wenigstens telefonieren? Aber nein. Frau L. und Frau S. wollten Brieffreundinnen sein. »Und das blieben sie«, sagt der Freund. »Und zwar 22 Jahre lang, bis Frau S. schließlich starb.«

Meine Abiturkollegin Noelle erzählte neulich von ihrer Freundin Lisa, die eine Klasse höher war als wir. Direkt nach dem Abitur war Lisa nach Spanien gezogen, außer zu Noelle hielt sie mit niemandem Kontakt. »Sie hat eine Ausbildung zur Schneiderin gemacht«, erzählte diese. »Dann hat sie einen spanischen Lastwagenfahrer geheiratet, und jetzt lebt sie mit ihm in einer kleinen Stadt.« An sich schiene Lisa recht glücklich, sagte Noelle. Nur habe Lisa dort nie eine richtige Freundin gefunden. »Die tauchen immer alle nur mit ihren Ehemännern auf«, klage sie. Jedes Mal, wenn sie in den ersten Jahren irgendwo eine sympathische Frau kennengelernt habe und sich mit ihr zum Kaffee verabreden wollte, habe diese spätestens beim dritten Treffen selbstverständlich ihren Ehemann mitgebracht. Und dasselbe auch von Lisa erwartet. »Aber ich will mich nicht immer als Pärchen treffen«, sagte Lisa. Sie sehne sich danach, mit einer Freundin allein zu tratschen, zusammen Sport zu machen, vielleicht mal ins Kino zu gehen. Doch das stoße in der kleinen spanischen Stadt auf ziemliches Misstrauen. »Und jetzt schleppt sie halt immer den Lastwagenfahrer mit, wenn sie sich mit anderen Frauen trifft«, sagte Noelle. Dann sitzen die Männer im

Wohnzimmer, trinken Bier und diskutieren die Probleme der Welt und der La Liga im fútbol. Während Lisa und die anderen Frauen in der Küche Essen zubereiten und die Probleme der Männer diskutieren. »So finden die das alle gut.« Auch Lisa ist damit jetzt zufrieden. Einmal im Jahr besucht sie, immer für zwei Wochen, Noelle, die dafür jeweils extra Urlaub nimmt. Dann holen die beiden alles das, was Lisa in Spanien fehlt, zusammen nach. 24 Stunden lang, 14 Tage am Stück. »Auf Vorrat«, sagt Noelle. »Damit es wieder reicht für ein ganzes Jahr.«

Freundschaft unter Frauen kann viele Varianten haben. Das, worauf es ankommt, ist der Kern. Liegt es vielleicht daran, dass es uns seltsam vorkommt, wenn eine Frau gar keine Freundinnen findet? Hat sie gar nicht das Bedürfnis nach der Sicherheit der sich immer wieder wandelnden, vertiefenden Verbindung? Kann sie Regeln nicht befolgen oder wurde sie zu oft verletzt? Sind ihre Prioritäten allein auf einen Partner konzentriert? Es gibt doch so viele Möglichkeiten. Warum findet sie gar nichts, was für sie passen kann? In einer Befragung unter Hundehaltern, die die *Frankfurter Allgemeine Zeitung* 2015 zitierte, gaben 35 Prozent der befragten Hundehalter an, ihr Tier sei »ihr wichtigster Sozialpartner«. In ihrer Dissertation »Die städtische Mensch-Tier-Beziehung« beschäftigte sich die Berliner Soziologin Ulrike Pollack 2008 mit der Bindung von Menschen an ihr Tier als Ersatz für menschliche Bezugspersonen und zitiert eine Studie, in der 71 Prozent der Befragten angeben, dass ihr Hund ihr »einziger Freund« sei. »In der Sicht aller Personen nahm die Freundschaft mit ihrem Hund einen gleichwertigen Rang ein wie die Freundschaft mit einem anderen Menschen«, schreibt Pollack. Was muss passieren, dass man die Hoffnung in Menschen, in eine Freundschaft auf Augenhöhe, in Freundinnen so vollständig verliert?

Im Sommer 2016 erschien das Buch *Meine geniale Freundin* von Elena Ferrante auf Deutsch. Die Presse sprach von einem »Jahrhundertroman«. Millionenfach gekauft, begleitet die Geschichte das Leben zweier Frauen aus Neapel, die seit ihrer gemeinsamen Kindheit im Armenviertel befreundet sind, aber immer wieder große Kontaktpausen erleben. »Manchmal verlieren sich die beiden für längere Zeit aus den Augen, verhalten sich aber immer noch so, als stünden sie unter Beobachtung der anderen. Es ist, als ob die beiden Frauen sich ständig gegenseitig formen würden«, schrieb der Journalist Finn Canonica im Schweizer *Magazin*. Und dass man erst mit Ferrantes Büchern die »feine Mechanik weiblicher Beziehungen« begreifen könne. Auch in Deutschland überschlugen sich Kritikerinnen und Kritiker mit Lob. Doch erstaunlich ist nicht der Erfolg der elegant erzählten, doch von Scheitern und Schmerz getrübten Geschichte. Erstaunlich ist, dass so wenige andere, ernsthafte Bücher über die Freundschaft zwischen Frauen zu Welterfolgen wurden. Wurden diese Romane nie geschrieben? Oder hat niemand sie gelesen? 1995 erzählte die niederländische Schriftstellerin Connie Palmen in *Die Freundschaft* meisterhaft von einer platonischen Frauenbeziehung, die verzehrend ist wie eine Liebe und die Charaktere beider Protagonistinnen vollkommen prägt. »Ich kann mir keine Frauenfreundschaft vorstellen, in der das Element der Bewunderung fehlt«, sagte Palmen in einem Interview. Doch »Frauen sind nur sehr selten sehr stolz auf ihre Freundschaften«. Finden sie darum so selten druckreife Worte dafür?

9
GLEICHGEWICHT

In letzter Zeit habe ich wohl wieder nachgelassen. Ich habe M. kennengelernt, einen Mann, und wir haben uns öfter getroffen. Noch scheue ich zurück vor einer neuen Liebe, weiß nicht, ob ich diese Verbindlichkeit überhaupt noch einmal in Erwägung ziehen soll. Doch gleichzeitig setzt auch dieser Sog wieder ein, den ich seit meiner Jugend kenne. Das Bedürfnis, seine Zeit mit jemandem zu teilen, und das Bedürfnis, sich auf eine Verbindung zu stützen, deren Rahmen klar definiert ist. Das Bedürfnis, eine Beziehung zu haben, zu einem Partner, in den man Erwartungen haben und an den man Forderungen formulieren darf. Noch treffen M. und ich uns nur auf Verabredung. Jede

Verabredung ist neu und folgt keinem Muster. Meine Laune steigt, wenn ich weiß, dass wir uns später sehen. Doch ist da auch schon wieder etwas Wehmut. Weil jede Verabredung mit M. ein Termin mehr im Kalender ist, an dem ich nicht mit Olivia spazierengehen werde, nicht mit Deborah in eine Bar, mit Nina ins Kino, mit Suleika zum Frühstück, mit Yolanda zum Kaffee.

In all den Jahren, als ich in klassischen Beziehungen lebte, war ich vor allem mit Frauen befreundet, mit denen ich Gemeinsamkeiten hatte. Meist waren es Frauen, die den gleichen Beruf, das gleiche Umfeld oder die gleichen Interessen hatten wie ich. Manchmal auch nur zufällig den gleichen Freundeskreis. Es sind tolle, bereichernde Frauen. Doch es waren nur wenige und selten neue Erfahrungen, die wir gemeinsam machten. Mehr oder weniger beiläufig beschäftigte ich mich mit denen, die mehr oder weniger zufällig in meiner Nähe waren. Hörte zu, erzählte, schlug Unternehmungen vor, ging auf Vorschläge ein. Erzählte danach zu Hause vielleicht in ein paar Sätzen, was wir unternommen hatten. Lange Zeit habe ich dadurch den zufälligen Aspekt von Freundschaft in den Vordergrund gestellt. In diesen Jahren konnten kleine Veränderungen im Lebensstil einer Freundin unser Verhältnis aus der Bahn werfen. Als Ariane sich eine Weile nur noch auf Widerruf verabreden mochte, weil ihre Kinder noch ganz klein und häufig krank waren, zerbrach unsere Verbindung innerhalb kurzer Zeit. Als Paulette anfing, sich in einer Nebenbeziehung zu einem Arbeitskollegen seelisch immer weiter zu verausgaben und kaum noch genug Aufmerksamkeit für ein Telefonat mit mir hatte, beendeten ein paar böse Briefe auch diese Freundschaft. Als Malin in kurzer Folge ihren langjährigen Partner heiratete und sich bald darauf von ihm scheiden ließ, fand ich in den immer auffallenderen Zwangshandlungen, die sie sich angewöhnte und der immer vehementeren Ängstlichkeit, die sie umgab, bald keinen Zugang mehr zu ihr. Sie wolle über diese Dinge nicht mehr sprechen, beschied sie, die sonst immer gerne über sich selbst reflektierte, und ich spürte, wie mein Interesse an ihr, mein Verständnis für sie zu verdorren begann. Ich schien eine ziemlich feste Vorstellung davon zu haben, welcher Platz in meinem Leben für Freundinnen reserviert ist, wie diese auszusehen haben und was ich davon erwarte. Ich nahm Freundschaft hin, wenn sie sich ergab. Doch das eigentliche Leben fand anderswo statt.

Auch als Yolanda vor einem Jahr einen neuen Mann kennenlernte und eine Weile keinen Vorschlag für eine unserer Kaffee- und Zigarettenverabredungen mehr machte, war ich nah daran, mich beleidigt abzuwenden. Doch dann überlegte ich es mir noch einmal. Yolandas Leben macht gerade eine Veränderung durch, und sie hat weniger Zeit für das Gewohnte. Vielleicht zeigt sich irgendwann, dass ich für sie jede Priorität verloren habe. Vielleicht hat sie aber auch in drei Wochen Zeit und schlägt ein Treffen vor, wie sie es früher meistens tat. Ich warte noch ab. Daran merke ich, dass ich Wandlungen im Leben meiner Freundinnen großzügiger gegenüberstehe als früher. Weil auch ich den Grundriss meines Lebens völlig umgezeichnet habe. Weil immer noch viele Räume offen sind und mir dieser Zustand gefällt.

In den letzten zwei Jahren habe ich Dinge über Freundschaft zu Frauen gelernt, die ich davor nicht wusste. Ich habe gelernt, dass Freundinnen so etwas wie Wurzeln für mich sind, die mich in der Welt verankern. Freundinnen zu haben bedeutet für mich, Pfeiler zu haben, die tief in mein Leben ragen und dafür sorgen, dass ich dort sicher bin. Aber ich habe auch gelernt, dass sie kein Ersatz für eine Liebesbeziehung sind. Und dass mir weder das eine noch das andere ersparen kann, mein Gleichgewicht auch alleine zu halten.

Auf meine Nachricht antwortete Olivia sofort. Sie war bestürzt und schrieb, dass das alles ein schreckliches Missverständnis sei. Dass ihr keine Freundin wichtiger sei und dass das alles ganz falsch angekommen sei. Dass ihr das mit der Hochzeit einfach über den Kopf wachse und sie es sich selbst nicht erklären könne. Dass ich, bitte, zur Trauung und zur Feier mit ihrer Familie kommen solle. Und dass sie meine Freundin sei. Ich war immer noch wie betäubt, und die Enttäuschung und die Kränkung vergingen nicht so schnell. Doch am Abend kam es mir schäbig vor, Olivia im Ungewissen zu lassen. Ich schrieb ihr, dass ich mich über ihre Nachricht freue, darauf nur noch nicht antworten könne. Aber zwei Tage später sah es anders aus. Ich wachte auf und war nicht mehr verletzt. Ich spürte ganz deutlich, dass Olivia es wirklich so gemeint hatte.

Dass sie einfach nur überfordert von allem war. Dass die Zurückweisung nicht mir galt, auch wenn sie sich genauso anfühlte. Ein paar Wochen sind es noch bis zur Hochzeit. Ich habe noch Zeit zum Überlegen.

10
HARRYS COMEBACK

Eine Sache gibt es, die erwähne ich bei M., mit dem ich mich immer noch treffe, nicht. Ich erwähne nicht, dass ich auch mit ein paar Männern befreundet bin und nicht jeder von ihnen nur platonisch von Interesse für mich ist. Ich erwähne nicht, dass ich mich gerne mit Nick treffe, der sich für uns die schönsten Routen ausdenkt und immer neue Entdeckungen auskundschaftet, wenn wir verabredet sind. Nick ist verheiratet, und schon darum bleibt mein Interesse an ihm ganz keusch. Doch schon bei Erik ist das etwas anders. Er ist immer mal wieder Single, und vor einer Weile gingen wir zum ersten Mal zu zweit in eine Bar, nachdem wir uns zuvor in einer Gruppe trafen. Seinem Vorschlag folgte ich absichtslos, aber doch, weil er mir gefiel. Und so ist es geblieben. Wenn der Abend schön ist, kommt es vor, dass ich einen zweiten Blick auf seine breiten Schultern werfe oder auf seinen energischen Mund, während wir über Bücher und Reisen, den Sinn des Lebens und Ex-Partner reden, uns immer weiter von der Nüchternheit entfernen, und auch Ängste und Träume nicht unerwähnt bleiben. Er weiß von M., am Anfang habe ich einige Male aufmerksam seiner Sicht dazu gelauscht. Doch eigentlich meide ich das Thema. Wenn es mit M. gut läuft, erschiene es mir schäbig, mein Glück bei Erik zu versuchen. Wenn M. mich gerade ratlos macht oder ich an unseren Unterschieden kaue, blitzt manchmal die Neugier wieder auf. Ich habe keine Ahnung, wie Erik die Sache sähe und grüble darüber auch nicht. Wenn ich wüsste, er fände mich kein bisschen attraktiv, wäre ich nicht gekränkt. Aber im Gegenzug auch überhaupt nicht schockiert, falls doch.

Und dann ist da auch noch Leo aufgetaucht. Bei einer Ausstellungseröffnung, die ich gerade gelangweilt verlassen wollte, erschien er großgewachsen am Eingang. Noch während sein Blick durch den Raum glitt, steuerte er den Stehtisch an, an dem ich lehnte. Er platzierte sich neben mich und begann sofort ein Gespräch. Noch drei Stunden später sprachen wir mit der Vertrautheit derer, die sich ein halbes Leben kennen, und gleichzeitig auch mit dem funkelnden Interesse zweier, die sich gerade neu entdecken. Am selben Abend verabredeten wir das Wiedersehen und sehen uns seither. Leo macht mir Freude. Er hat eine Leichtigkeit und eine Abenteuerlust, die sich sofort auf mich übertragen. Ich mag, wie er aussieht und wie er spricht, und es ist ein großes Vergnügen, neben seiner massigen

Gestalt durch entlegene Straßen zu stöbern und leidenschaftlich zu diskutieren. Manchmal machen wir eine Pause und sitzen eng nebeneinander auf einer Bank. Mehr geschieht nicht, und ich provoziere es auch nicht, weil ich weiß, dass Leo einen Lebensgefährten hat, für den fast alle Tage und Abende reserviert sind. Und doch weiß ich, dass sein Herz manchmal auch schon Frauen gehörte, und das macht die Treffen spannender für mich.

Wenn ich an diese Männer denke, kommt es mir ganz einfach vor, mit einem Mann befreundet zu sein, als Frau, nicht als neutraler Kumpel. Ich habe keine Ahnung, wo in der Harry-und-Sally-Regel diese Verbindungen anzusiedeln sind. »Männer- und Frauenfreundschaften sind Reproduktionsstätten der Geschlechterklischees«, schrieb der Schweizer Psychoanalytiker Peter Schneider 2017 im Zürcher *Tagesanzeiger*. »Dabei wären Freundschaften eher der Ort einer befreienden Aufhebung der Kategorie Geschlecht, das Feld einer Zuneigung, die sich nicht sexuell beweisen muss.« Freundschaften, die sich auf geschlechtsspezifische Erwartungen und Verhaltensweisen stützen, haben für Schneider »den unangenehmen Gout von Kompensationszonen, die dazu dienen, für den harten Alltag des heterosexuellen Geschlechterkampfes aufzutanken«. Das gefällt mir. Er wütet noch weiter. »Man muss Frauen-Wellness-Weekends abhalten und Männer-Bike-Ferien, auf denen man sich versichert, dass man das mit ›dem Mann‹ oder ›der Frau‹ niemals so haben könnte. Und hofft, damit die Freundschaften aufwerten zu können, während man mit der inszenierten Ausreißeraufmüpfigkeit doch vor allem den eigenen heterosexuellen Alltag abwertet.« Genau. Geschlechtsspezifische Stereotypen dienen für Schneider nur dem Zweck, das zu bestätigen, was als weibliche und männliche Identität angesehen wird. Und zwar in der Pubertät. Weil man irgendwo ja mal anfangen muss. Doch dann muss es weitergehen. Freundschaft hat immer auch mit Entwicklung zu tun.

Ob eine Freundschaft zwischen zwei Menschen glücken kann und welche Ausprägung sie bekommt, hängt womöglich gar nicht so sehr von der Frage ab, ob diese Menschen Männer oder Frauen sind und ob und wie dringlich sie Sex miteinander wollen. Sondern allenfalls mit der Lebensphase, in der sie sich befinden. In der schmalen Spanne, wo beide nach dem Partner für eine Familiengründung suchen, ist eine platonische Freundschaft zwischen Frau und Mann vielleicht auf Dauer tatsächlich zu anstrengend und vielleicht auch irreführend. Doch davor und auch danach liegt gerade in der möglichen Uneindeutigkeit ein ziemlich großer Spaß. Sage ich heute. Und hoffentlich auch noch dann, wenn M., falls es mit ihm noch ein bisschen weitergeht, ebenfalls in Anspruch nehmen sollte, sich mit Freundinnen zu treffen, von denen anzunehmen ist, dass er sie nicht völlig unattraktiv findet.

11
ES IST WAS ES IST, SAGT DIE FREUNDSCHAFT

Vor kurzem habe ich mit Ellen über Freundinnen gesprochen. Sie ist 23 und wollte von mir wissen, wie das mit der Freundschaft zwischen Frauen meiner Meinung nach funktioniert. Sie findet, dass es heute viel wichtiger sei als früher, Freundschaft zu verstehen. »Wer in ein fremdes Land zieht oder den fünften neuen Job anfängt, muss auf andere zugehen können und wissen, wie das geht: Bindungen aufbauen«, sagt sie.

Es gibt die These, dass Freundschaften immer wichtiger werden, weil es immer weniger andauernde Liebesbeziehungen und stabile Familien gibt. Auch Ellen hängt ihr an. Dass Freundeskreise immer häufiger ersetzen, was im Leben an traditionellen Strukturen zu fehlen scheint. Doch ich misstraue dieser Sicht. Ich finde nicht, dass man Freunde als Notversorgung benutzen darf. »Fragt man einen Single im Alter von 55 Jahren danach, was in 20 Jahren mit ihm sein wird, dann ist eine häufige Antwort: Ich möchte später zusammen mit anderen Alleinstehenden in einer Alten-WG leben«, sagte der Mainzer Soziologe Stefan Hradil 2011 in einem Interview mit dem *Spiegel*. Doch die »romantische Vorstellung vom selbstbestimmten Zusammenleben« entpuppe sich in der Realität oft als Illusion. »Es ist empirisch gut belegt, dass die Netzwerke von Singles bei großen Herausforderungen weniger verlässlich sind, als es eine Familie wäre.«

Tragende Freundschaft wächst nicht aus Verwaltung von Mangel. Tragende Freundschaft wächst durch positive Erfahrungen, die uns miteinander gelungen sind. Und vielleicht auch durch die Versuche, die anderswo gescheitert sind, und bei denen man erkannte, was gar nicht funktioniert. »Sowas kommt von ganz allein, wenn man lange genug dabei ist.« Damit ist Ellen nicht zufrieden. Sie möchte lieber eine Art Handbuch studieren und dafür dann die Sache mit dem Scheitern überspringen. Sie bestellt ihre Pizza mit zwei Klicks und den Liebespartner mit einem Wisch nach rechts. »Das hat doch damit überhaupt nichts zu tun«, sagt sie. »Die Erfindung des Telefons hat doch auch dein Leben nicht wirklich geprägt«, sagt sie. »Es war halt einfach da und du hast es benutzt.« Ich bin verwundert, wie sehr sich unsere Mittel unterscheiden und wie ähnlich doch unsere Fragen dazu sind.

Eines der Hauptmerkmale einer gesunden Freundschaft ist, dass beide Seiten gleich viel – und freiwillig – in die Beziehung investieren, versuche ich eine Definition. Damit ist Ellen einverstanden. Nicht ständig nur selbst quatschen und seine Geschichten loswerden. Auch mal Klappe halten und zuhören. Merken, wann man das Handy weglegen soll. Eine Freundin ist ein Gegenüber in einer ganz eigenen Beziehung, die genauso intensiv, vielfältig, beglückend, leichtfüßig, erfüllend und prägend sein kann wie eine glückliche Liebesbeziehung, versuche ich es weiter. Ja, genau, sagt Ellen. Ihre beste Freundin kennt sie seit der Grundschulzeit. Und sie ist viel wichtiger, als es jeder Lover je war. Und genauso schwierig, komplex, verstörend und zerstörerisch wie eine schlechte Liebesbeziehung, versuche ich es weiter. Na ja, wenn es zerstörerisch wird, dann lässt man es ja doch besser bleiben, sagt Ellen. Irgendwie kommen wir so nicht weiter.

»Ich glaube, um eine gute Freundin zu sein, muss ich mir erst selbst eine gute Freundin sein«, probiere ich es anders. Das gefällt Ellen. »Und wie machst du das?« Jetzt hat sie mich wieder erwischt. »Ich versuche, mir selbst besser zuzuhören«, sage ich. Ellen nickt. »Ich gucke mich im Spiegel nicht grimmig an.« Ellen mustert mich prüfend. »Ich verzeihe mir leichter als früher.« Und was so? Ellen schaut fragend. »Ich lache häufiger mit mir selbst.« Ellen nickt. »Und ich frage mich selbst wesentlich öfter um Rat und höre dann auch darauf.« Ellen lacht. »Redest du dafür auch mit dir selbst?« Oje. »Ohne meine Freundinnen wäre es karger, langweiliger und viel leerer um mich herum«, sage ich. »Aber ich brauche keine einzige von ihnen nur, damit etwas von ihrem Glanz auf mich abstrahlt.« Ellens Handy meldet sich. »Sorry, nur ganz kurz.« Ihre Freundin hat gerade geschrieben, sie ist für drei Tage in London und schickt ihr gerade ein paar Bilder von einem teuren Mantel, von dem sie nicht weiß, ob sie ihn kaufen soll. Ellen tippt und lächelt. »Der Mantel sieht super aus, das ist eine Investition fürs Leben!«

Kürzlich schrieb ich mir in einem virtuellen Netzwerk mit einer Frau, die mir sympathisch erschien. Zwei Tage später erwähnte sie, dass sie nach Berlin käme, und fragte, ob ich Lust hätte, mich mit ihr zu treffen, einfach so. Wir erkannten uns sofort und umarmten uns selbstverständlich und innig, ohne zu zögern. Der ganze Abend verlief auf diese Weise. Nur kurz plauderten wir über Oberflächliches, dann gingen wir zu privaten und intimen Themen über. Dabei kicherten wir viel, entdeckten einen gemeinsamen Humor und auch eine Einigkeit in vielen Werten. Als wir uns verabschiedeten, gestand sie, dass sie für unser Treffen ein Date mit einem Mann abgesagt habe, auf das sie nur mäßig Lust hatte, und dass sie darüber sehr froh sei. Auch ich fand den Abend mit ihr toll. Trotzdem wusste ich, dass unser Kontakt wahrscheinlich nicht andauern und sich auch nicht vertiefen wird. Nicht, weil es nicht passte. Eher, weil es vielleicht einfach nicht notwendig ist. Weil uns beiden diese paar Stunden genügten und wir nicht den Wunsch haben, darauf etwas Festeres aufzubauen. Es ist für mich die erste Begegnung dieser Art, und ich bin überrascht, dass sie mir so leichtfiel und ein so gutes Gefühl hinterlassen hat. Ohne zu wissen, dass es in meinem Leben sichere und anhaltende Freundschaften gibt, hätte ich mich wahrscheinlich nicht so offen und entspannt auf eine fremde Frau einlassen können. Doch so war es perfekt. One Night Stands mit Männern haben mir nie gutgetan. Doch das hier war ein Gewinn. Und es war definitiv auch ein One Night Stand. Nur nicht einer aus Sex. Sondern ein One Night Stand aus freundschaftlicher Nähe. Ein bisschen stolz erzählte ich Ellen auch davon. Sie zuckt mit den Achseln. Was soll daran besonders sein?

12
SELFIE

Vorhin hat mein Handy wieder gesummt. Es war meine Schulfreundin Franziska. Sie fragt, ob wir uns sehen wollen, sie ist für ein paar Monate in der Stadt. Vor ein paar Tagen, kurz nach ihrer Ankunft, haben wir uns getroffen, wie immer mal wieder in den Jahren. Wir schlenderten durch ein paar Straßen und kamen an einer der klobigen Fotokabinen vorbei, wie es sie jetzt wieder gibt. Es sind die Kabinen, in denen ich mit meinen Freundinnen als Teenager ganze Nachmittage verbracht habe, um Passfotos zu machen. Auch mit Franziska habe ich so gestanden und jeden möglichen Gesichtsausdruck hundertfach probiert.

Sie lachte auf. »Komm', wir machen Steinzeitselfies!« Wie früher quetschten wir uns auf den metallenen Drehschemel, der für unsere beiden Hintern schon immer ziemlich schmal war. Viermal blitzte es, dann sprangen wir, hastiger als damals, aus der engen Box.

Als der Streifen in den Fotoschacht plumpste, griffen wir noch einmal beide gleichzeitig danach. »Tja«, sagte Franziska nur, als sie die Bilder sah. »Vielleicht hätten wir doch ein normales Selfie machen sollen.« Der fahle Blitz der Fotokabine hatte nicht darüber hinwegtäuschen können, dass unsere Münder strenger geworden sind und die Gesichter nicht mehr ganz so prall. Doch was uns leer schlucken ließ, war etwas anderes. Die ganze Freundschaft hat ihre Spannkraft verloren. Die altmodischen, schwarzweißen Passfotos zeigten unbarmherzig, dass die beiden Frauen darauf keinen Grund mehr hatten, sich miteinander zu fotografieren.

Das Selbstporträt mit Freundin gehört fest zur Freundschaftskultur von Frauen. Auch Thelma und Louise machen ein Polaroidfoto von sich, bevor sie ihre große Reise beginnen. Doch das Bild hat seine Bedeutung verändert. Sein Platz ist nicht mehr in Erinnerungskisten zwischen Briefen von Verflossenen und ein paar Geburtstagskarten, die man besonders mochte, und auch nicht in einem Album. Nur noch sehr selten zeigen diese Fotos zufällige Gesten oder missratene Grimassen. Und sicher keine abgeschnittene Münder und Ohren mehr. Das Selbstporträt ist zum Selfie geworden, ein immer wieder korrigierbares Handybild, das, sobald der Auslöser zur Zufriedenheit gedrückt ist, im Internet veröffentlicht werden kann, Dutzende Male am Tag. Die Momentaufnahme hat sich zum Beweisbild entwickelt für einen Augenblick, in dem man glaubt, gerade etwas Perfektes zu erleben. Oder wenigstens besonders gut auszusehen. Das Selfie mit Freundin liefert einen Doppelbeweis für dieses doppelte Gelingen: dass man gerade gut aussieht und gleichzeitig eine Freundin zur Stelle hat, die ebenso perfekt aussieht. Dass man also scheinbar einfach alles, was gerade geht, richtig gemacht hat. Sonst wäre die Aufnahme ja schließlich längst gelöscht.

Das Internet liebt Freundinnenselfies. Wie ein sich im Alleinsein selbst genügender Cowboy früher auf Fotos und Bildschirmen den Genuss am Rauchen symbolisierte, demonstrieren jetzt Milliarden von Frauen, die einander die Köpfe zuneigen und den Mund spitzen, während eine den Arm mit dem Handy in der typischen Haltung schräg nach oben weghält, wie Verbundenheit und Innigkeit sich anzufühlen hat. Private Bilder davon sehen aus wie Werbebilder, während Werbebilder sich die Privatheit des Motivs zunutze machen. Das Selfie mit Freundin ist zum umfassenden Symbol geworden. Das beliebteste Schlagwort, mit dem solche Bilder in sozialen Netzwerken veröffentlicht werden, heißt »#bff« und verbindet Superlative – Best Friends Forever.

Doch ob eine Freundschaft für immer ist oder ob sie überhaupt für eine Weile gelingt, hängt nicht von der gelungenen Abbildung ab. Freundschaft hängt davon ab, mit welchem Menschen man in welchem Moment aufeinandertrifft. Und was man dann daraus macht. Freundschaft zwischen Frauen funktioniert auf Dauer am besten, wenn beide bereit sind, nicht nur neben der anderen mit möglichst coolem Gesichtsausdruck in den Spiegel der Kamera zu blicken. Sondern sowohl sich selbst als auch die andere hin und wieder wirklich anzuschauen. Face to face. Und zwar nicht mit seinem besten Selfie-Gesicht von schräg links oben mit geschürzten Lippen und keckem Blick. Sondern ungeschminkt, frontal und in möglichst klarem Licht.

Der Fotostreifen von Franziska und mir steht seit ein paar Tagen unschlüssig auf dem Regal. Jedes Mal, wenn mein Blick darauf fällt, erkenne ich deutlicher, dass dort nicht sein Platz ist. Dass die Freundschaft zu Franziska ebenso der Vergangenheit angehört wie die mit Yvette, mit Louisa, mit Annika. Dass unsere Gemeinsamkeit vertrocknet ist und dass sich weitere Stunden mit ihr bloß noch ansammeln würden wie hingestapelte Blumen an einem Erinnerungsort. Dass es zwischen uns keine Themen mehr gibt, die spannender sind als das, was auf unseren Smartphones gerade passiert. Ich erschrecke vor der Nüchternheit dieser Erkenntnis. Doch ich weiß, dass sie sich nicht abmildern lässt. Es ist immer eine Zäsur, wenn die Beziehung zu einer Freundin endet. Ein Einschnitt, dem eine große innere Veränderung vorangegangen ist. Es ist nicht die Länge und auch nicht das Andauern, worauf es eigentlich ankommt. Es ist die Freundschaft selbst. Jede steht für eine Facette, für ein Versäumnis, für einen Triumph. Jede erzählt ein Stück meines Lebens, geglückt oder nicht, und manche Erzählstränge enden. »Es braucht zwei Menschen, um eine Freundschaft zu führen«, sagte die amerikanische Freundschaftsforscherin Jan Yager in einem Interview. »Aber nur eine, um sie zu beenden.« Es macht mir immer noch Bauchschmerzen, das Ende einer Freundschaft zu erklären. Freundinnen haben einen so großen Einfluss auf mein Leben. Doch es muss jetzt sein. Und es ist ja nicht das Ende aller Freundschaft. Freundschaft ist keine Mangelware. Die Welt ist voll davon, und es wird immer noch mehr. Mir fällt kein realer Grund mehr ein, mich davor noch zu fürchten. Ich tippe die Antwort an Franziska rasch, ich will es hinter mich bringen. Zu viel Arbeit, keine Zeit. Sorry. Den Fotostreifen lege ich zu den anderen in den Schuhkarton und verstaue ihn im Schrank. Dann koche ich mir einen Kaffee und rufe Olivia an. Letzte Woche hat sie geheiratet. Es war ein bezauberndes Fest, und natürlich ging ich, bepackt mit Reis und Blumen, hin.

LEA – EPILOG

Zwei Mal haben Lea und ich uns nach der grämlichen Zugfahrt getroffen, beide Male waren andere Leute dabei. Das zweite Mal folgte sie einer Einladung, die ich gab, zu einem Anlass, der sich jedes Jahr wiederholt und bei dem sie nur selten fehlte. Wir sprachen dabei nur wenige Worte. Sie kam zusammen mit ihrem Kind, das schon ganz erwachsen scheint, ein strahlendes Geschöpf, das um sich liebevolle Zuversicht verbreitet. Vor vielen Jahren, als es gerade zur Welt gekommen war, gab es den ersten Endgültigen Bruch zwischen Lea und mir. Wir hatten nie darüber gesprochen, wie sich das Leben mit einem Säugling für sie verändern wird, und ob das auch für unsere Freundschaft etwas bedeutet. Nach der Geburt ruhte Lea erschöpft in einem vor Freude leuchtenden Zimmer aus und sah fassungslos auf ihr Kind. Ich hatte für das kleine, aufmerksam blickende Wesen ein Mobile gebastelt, eine Art Freundschaftsangebot im Voraus. Lea sagte kaum etwas, und nach einer halben Stunde ging ich wieder, weil sie sehr müde schien. Ich weiß noch, wie seltsam sich dieser Besuch anfühlte, wie wenig es mir gelang, das Neue als etwas Freudiges zu sehen, obwohl es das doch in jeder Hinsicht war.

Heute kommt es mir so vor, als hätte diese Zeit eine Hartherzigkeit zwischen uns sichtbar gemacht, die es davor schon gab, die bloß in Gedämpftheit und Kompromisse eingewickelt geblieben war. In den folgenden Jahren war ich enttäuscht und böse, wenn Lea eine Veranstaltung nicht besuchen wollte, weil ihr Kind krank oder sie erschöpft war oder wenn sie abends nicht mehr telefonieren mochte, was früher unsere bevorzugte Zeit gewesen war. Mit engem Herzen registrierte ich auch jeden ihrer Fehler, und ich hatte den Eindruck, sie täte das bei mir auch, stärker als zuvor. Es war, so erscheint es mir heute, als hätte ich Leas neue Lebensphase sehr lange als etwas Verhandelbares betrachtet. Als eine Situation, die sich rückgängig machen lässt, wenn sie sich für uns beide nicht bewährt. Als hätte ich erwartet, dass sie mir dann wieder ein Stück entgegenkommt, zurück, dahin, wo wir davor gewesen waren, als es das neue Wesen noch nicht gab. Als hätte ich noch eine Chance gehabt, meinen angestammten Platz in ihrem Leben wiederzubekommen. Und als wäre sie noch interessiert an ihrem Platz in meinem. Als hätte sie überhaupt noch eine Wahl gehabt.

Einmal, als das Kind noch winzig war, trafen wir uns in einem Park, um in der neuen Konstellation einen Nachmittag zu verbringen. Wir breiteten bunte Decken auf dem Boden aus und waren bereit, einen neuen und guten Abschnitt einzuläuten. Doch es wurde ein Desaster. Unser Gespräch verlief schleppend, und Leas Aufmerksamkeit, so schien mir, ruhte nur und ausschließlich auf dem Baby, obwohl dieses doch behütet und geborgen im Schatten unter unseren Blicken gelassen vor sich hinschlief. Jetzt hätten wir doch mal wieder reden können. Sie hätte ausmalen können, was sich gerade in ihrem Kopf bewegte, wie sie es so oft getan hatte. Fragen, was ich zu diesem oder jenem meine, wie früher. Für einen Moment die alte Lea sein, eine Frau, die ich gut kannte und die seit mehreren Jahren meine engste Freundin war. Wieder die Lea sein, auf die ich gesetzt hatte, und die jetzt von einem Tag zum anderen wortlos verschwunden war. Natürlich hatte ich sie nach ihren neuen Tagesabläufen gefragt, nach den Gefühlen und den Herausforderungen, nach den Freuden und den Abenteuern mit dem neuen Kind. Doch sie gab mir dafür keine Worte, und Signale konnte ich nicht deuten. So gab es zum ersten Mal, seit wir uns kannten, damals kein richtiges Thema mehr zwischen uns. Zum ersten Mal hatten wir kein gemeinsames Feld. Sondern nur ihr neues Leben und ihr abgelegtes – das meinem wohl zu sehr glich. Selbst hatte ich kein Kind und wünschte auch keines, und auch meine anderen Freundinnen waren noch keine Mütter. So wäre es wohl an Lea gewesen, mich mit diesem neuen Dasein vertraut zu machen, das nun ihres war und von dem ich so wenig wusste wie auch sie noch Monate zuvor. Natürlich wäre ich bereit gewesen, mich nach ihr auszurichten, offen zu sein für das, was ihr jetzt wichtig war. Ich wollte weiterhin ihre Freundin sein, und das schloss die Freundschaft zum Säugling mit ein. Ich hätte es versucht, wenn ich auch nur die leiseste Ahnung gehabt hätte, was das beinhaltet und wie das geht, die Freundschaft mit einer jungen Mutter. Was ich unterschätzte, war, dass sie nicht mehr die alte Lea sein konnte. Dass auch nichts so wenig angebracht gewesen wäre wie der Versuch, nochmal diese Frau von früher zu sein. Sie war jetzt eine andere. Eine neue, vollendete Tatsache. Und sie erwartete von mir, dass ich damit zurechtkam, ohne ein Wort der Erklärung.

Ich bin erstaunt und auch beschämt über das Unverständnis und auch die Gnadenlosigkeit, mit der ich ihr damals begegnete. Doch ich bin auch erstaunt, warum sie, die für diffuse Zustände immer präzise Bilder fand, sich nie die Mühe machte, mir ihr neues Leben begreifbarer zu machen, mich vielleicht auch einzuladen dazu. So benahm ich mich mehr und mehr, als sei ich böse auf sie und wollte sie bestrafen, weil sie nicht mehr die gewohnte Freundin war. Als ob ich sie damit wachrütteln könnte. Als ob ein Recht auf die alte Lea bestand. In all den Jahren zuvor hatten wir so viel miteinander gesprochen. Warum behielt sie mir die Worte für ihr neues Leben vor? Warum sagte sie mir nicht, was sie von mir erwartete oder was sie vielleicht hätte brauchen können von mir? Warum ist es ihr nicht gelungen, mir ihre Freude über den neuen Lebensabschnitt mitzuteilen? Warum fragte ich selbst nicht deutlicher danach?

Der nächste Endgültige Bruch, mehrere Jahre später, hatte auch mit Leas Kind zu tun, ihrem zweiten. Wieder, so scheint es mir heute, war ich voller Ungeduld und Missbehagen, weil ein weiteres kleines Wesen einen so selbstverständlichen Platz in ihrem Leben hatte, nachdem das erste inzwischen doch zur Normalität geworden war und ihr Leben auch wieder mehr Gemeinsamkeiten mit meinem hatte. Doch vor allem hatte ich mich mit der neuen Lea angefreundet, wir standen uns oft wieder sehr nah. Auf mehreren Fotos schläft das zweite Kind in meinem Arm. Darüber hinaus habe ich nur wenige Erinnerungen an diese Zeit. Ich weiß nur noch, dass ich mich immer weniger mit Lea verbunden fühlte, ihr immer weniger in ihren Gedanken folgte, mich immer weniger für sie zu interessieren schien. Und dass ich das nicht wahrhaben wollte. Dass ich damals wohl auszusortieren begann, was für mein Leben wirklich Bedeutung hat und was nur irgendwo am Rande. Und dass fast alle Fragen, die ihr Dasein damals prägten, für mich mehr und mehr zur zweiten Kategorie gehörten.

Ein paar Tage nach unserer Zugreise schrieb ich ihr. Ich formulierte meine rätselhafte Müdigkeit in unserer Freundschaft, die Ratlosigkeit darüber, mögliche Gründe dafür. Versuchsweise sortierte ich ein paar Dinge vor, die sich in meinem Leben und damit auch in unserer Beziehung zueinander zu verändern begonnen hatten, und in denen vielleicht auch eine neue Chance für uns lag. Ich gab mir besondere Mühe, mich verständlich zu machen, ohne Spielraum für Interpretation. Damit es nicht wieder von vorne anfängt. Wir verstehen uns immer öfter falsch. Wir fühlen immer öfter, dass wir nicht mehr können. So war es in der Vergangenheit zu oft gewesen. Ich wählte die eindeutigsten Worte, die aufrichtigsten Formulierungen, war deutlich wie in einem Friedensvertrag. Damit sie mich bloß nicht wieder falsch versteht. Damit es keine neue Munition gibt für diese zerdehnten, in

Sachdiskussionen verwickelten Kämpfe, die uns beide so zermürben. Am Ende war ich zufrieden. Ich hatte gesagt, was mir wichtig war. Dass ich mir wünsche, dass es weitergeht. Aber nicht mehr zu den alten Bedingungen.

Das erste Mal nach dem Ausflug und dem Brief begegneten wir uns bei einer öffentlichen Feier und sie war von Bekannten umringt, die ich alle nicht kannte. Wir wechselten nur ein paar Worte und verloren uns dann aus den Augen. Als ich schon auf dem Weg nach Hause war, rief sie an und fragte, ob meine Zeit noch für einen gemeinsamen Kaffee reiche. Sofort an der nächsten U-Bahn-Station sprang ich aus dem Zug und fuhr zurück, um sie zu treffen. Etwas befangen setzten wir uns gemeinsam auf ein Sofa, das noch frei war, und redeten über Nebensächliches. Keine von uns lenkte das Thema auf das Offensichtliche. Zeit verging. Ich spürte, wie die Schiebetür aus dem Raumschiff ein wenig zu ruckeln begann. Aber sie setzte sich nicht in Bewegung. Der Blick auf Lea blieb frei. Und doch war da auf einmal diese Frage. Was wäre, wenn diesmal keine Große Versöhnung mehr kommt? Wenn das Das Tatsächliche Ende Mit Lea wäre?

Dann gingen wir noch ein Stück zusammen, und im Laufen kam die Unterhaltung wieder freundlich in Gang. Wir verabschiedeten uns mit der vagen Übereinkunft, uns demnächst wieder mal zu treffen. Dann ergriff sie das Steuer doch. »Wir sollten mal über diese Dinge sprechen. Aber nicht, wenn du mir Nachrichten wie Ziegelsteine vor die Füße wirfst.«

In der ganzen Zeit der Pause hatte ich die Vorstellung gehabt, dass Lea und ich die Fäden in einem oder in vielen Gesprächen bald wieder entwirren können. Dass wir einander erklären können, warum dieses oder jenes für uns von neuer Bedeutung ist und was wir noch voneinander erwarten. Doch die Gelegenheit dazu ist nicht gekommen, und irgendwie fror dadurch das ganze Bild unserer Freundschaft einfach ein. »Ich will nicht, dass du noch einmal über mich schreibst«, hatte Lea vor ein paar Monaten, kurz nach der letzten Großen Versöhnung, zu mir gesagt. »Ich weiß, dass unsere Freundschaft das nicht überleben wird.« Damals versprach ich es ihr, erschrocken und bestürzt, weil sie so entschieden war. Erst danach merkte ich, dass es ein zu großes Versprechen war. Dass ich keine Freiwilligkeit fühlte, als ich es gab. Erzählungen von Freundschaft handeln oft auch von Verrat. Gehört die Möglichkeit des Verrats noch zur Freundschaft selbst? Oder markiert er das Feld außerhalb? Freundschaft definiert sich über die Bereitschaft, den anderen nicht zu verraten. Doch wer definiert den Verrat?

Zum ersten Mal scheint jeder von uns das Halten der eigenen Grenzlinie wichtiger zu sein als der Wunsch, sich über den Zaun hinweg die Hand zu reichen. Es erscheint mir plötzlich denkbar, dass wir in diesen Positionen bleiben. Dass die Stellen, an denen jede von uns seit einer ganzen Weile steht, und die ziemlich weit voneinander entfernt liegen, die Endpunkte des Weges markieren, den wir in den 20 Jahren unserer Freundschaft aufeinander zugegangen sind. Dass wir uns von da nun nicht mehr wegbewegen wollen.

Als ganz junge Frau habe ich einmal an einer Freundin einen schlimmen Verrat begangen. Einen, von dem ich wusste, dass er geächtet gehört. Doch diesen Gefallen tat sie mir nicht. Sie strafte mich, indem sie an unserer Freundschaft festhielt und mir damit die Macht absprach, ihr wirklich wehzutun. Später erkannte ich, dass der Verrat in Wirklichkeit eine Rache an ihr war, mit der ich ihr ein paar zu schwere Demütigungen vergolten hatte. Auf merkwürdige Weise schuf er einen Ausgleich zwischen uns und stellte ein Gleichgewicht wieder her. Die Freundschaft ging dadurch nicht in die Brüche, doch sie änderte ihre Temperatur.

Verrate ich Lea, wenn ich über sie schreibe? Oder war ihre Forderung zu groß? Wer trägt die Verantwortung für die Balance in einer Freundschaft? Wer kann wen haftbar dafür machen, wenn die Waage kippt? Ich finde darauf keine Antwort. Nur eines wird mir klarer. Rache ist es nicht. Ich habe nicht den Wunsch, Lea zu verletzen. Ich habe nur den Wunsch, dass sie meine Grenzen nicht mehr immer neu in Frage stellt. Und die Gewissheit, dass ich nun bereit bin, sie zu halten. Wenn es sein muss, auch gegen sie. Für Lea zeigt sich Freundschaft auch im Konflikt, das hat sie einmal gesagt. Für mich ist das heute anders. Ich kann für mich selbst noch nicht immer die ganze Hand ins Feuer legen. Doch ich weiß sicher, dass ich mit ihr nicht mehr streiten mag. Nicht mehr auf die Art, wie wir es bisher immer taten. Und es kann sein, dass das so bleibt. Ich spüre keinen Groll gegen sie, die Erinnerung an unsere Freundschaft ist intakt. Käme sie nie wieder, ich würde sie sicher vermissen. Doch für den Moment gibt mir der Gedanke frische Atemluft. Nie wieder mit Lea streiten müssen. Etwas ablegen, das zu gewichtig ist, als dass ich es noch weiterbewegen mag.

Die Bäume vor meinem Fenster sind noch kahl, und der Frühling lässt auf sich warten. Ich habe keine Ahnung, ob es noch einmal für eine Große Versöhnung reicht oder ob nun Das Tatsächliche Ende Mit Lea gekommen ist. Eigentlich weiß ich nur eines: Dass auch in diesem Jahr wohl bald wieder das Mosaik der Blätter vor meinem Fenster flirren und Sonnenlicht die entferntesten Ecken beleuchten wird. Dass dann von einem Tag zum anderen alles neu beginnen kann. Es ist das Versprechen des Frühlings, und seine besondere Kraft. Nicht umsonst ist er meine liebste Jahreszeit. Und auch die, in der Lea und ich Geburtstag haben, beide am selben Tag.

LITERATUR

Alleweldt, E. (2013): *Die differenzierten Welten der Frauenfreundschaften. Eine Berliner Fallstudie.* Weilerswist: Velbrück Wissenschaft

Bakan, D. (1966): *The duality of human existence: An essay on psychology and religion.* Oxford: Rand McNally

Blank-Mathieu, M. (1999): *Kinderfreundschaft: Weshalb brauchen Kinder Freunde?* In: Schüttler-Janikulla, K. (Hrsg.): *Handbuch für ErzieherInnen in Krippe, Kindergarten, Vorschule und Hort.* Neuausgabe. München: mvg-verlag

Chivers, M.L. et al (2007): Gender and Sexual Orientation Differences in Sexual Response to Sexual Activities Versus Gender of Actors in Sexual Films. *Journal of Personality And Social Psychology,* Bd. 93, Nr. 6. 1108–1121

Fehr, B. (1999): *Stability and Commitment in Friendships.* In: Adams, J. M., Jones W. H. (Hrsg): *Handbook of Interpersonal Commitment and relationship Stability.* New York: Kluwer Academic/Plenum, S. 259–279

Fehr, B. (1996): *Friendship Processes.* Thousand Oaks: Sage Publications

Ferrante, E. (2016): *Meine geniale Freundin.* Berlin: Suhrkamp

Hall, J. A. (2011): Sex differences in friendship expectations: A meta-analysis. *Journal of Social and Personal Relationships,* Bd. 28, Nr. 6, 723–747

Heidbrink, H. (2009): *Definitionen und Konzepte von Freundschaft.* In: Heidbrink, H., Lück, H. E., Schmidthmann, H. (Hrsg.): *Psychologie sozialer Beziehungen.* Stuttgart: Kohlhammer, S. 23–25

Heidbrink, H. (2009): *Face-to-Face und Side-by-Side: Frauen- und Männer-*

freundschaften. Ergebnisse der psychologischen Freundschaftsforschung. In: Labouvie, E. (Hrsg.): *Schwestern und Freundinnen: zur Kulturgeschichte weiblicher Kommunikation*. Köln: Böhlau, S. 35–58

Jameson, J., Strauss, N. (2004): *How to Make Love Like A Porn Star. A cautionary tale*. New York: HarperCollins

Jones, B. C., Little, A. C. et al (2005): Women's physical and psychological condition independently predict their preference for apparent health in faces. *Evolution and human Behaviour 26*, 451–457

Kiehl, K. (2010): *Risikofaktoren für Essstörungen unter besonderer Berücksichtigung medialer Einflussfaktoren*. Inaugural-Dissertation an der Universität Regensburg. Veröffentlichung online

Little, A. C. et al. (2001): Self-perceived attractiveness influences human female preferences for sexual dimorphism and symmetry in male faces. *Proceedings of the Royal Society of London B. 268*, 39–44

Nowossadeck, S., Engstler, H. (2013): Familie und Partnerschaft im Alter. *Report Alterstaten, Bd. 3*

Palmen, C. (1996): *Die Freundschaft*. Zürich: Diogenes

Pollack, U. (2008): Tiere in der Stadt: Die städtische Mensch-Tier-Beziehung. Ambivalenzen, Chancen und Risiken. Dissertation an der Freien Universität Berlin. Veröffentlichung online

v. Rhoden, E., Wildhagen, E: (1962): *Der Trotzkopf*. Basel: Münster

Rusbult, C. E. (1983): A Longitudinal Test of the Investment Model: The Development (and Deterioration) of Satisfaction and Commitment in Heterosexual Involvements. *Journal of Personality and Social Psychology*, Bd. 45, Nr. 1, 101–117

Saramäki, J., Dunbar, R.I. et al. (2013): Persistence of social signatures in human communication. *Proceedings of The National Academy of Sciences of The United States Of America, Bd. 111*, Nr. 3, 942–947

Tennis, C. (2012): *I'm losing my friend, it feels like a breakup*. Text online: http://carytennis.com/2016/04/im-losing-my-friend-it-feels-like-a-breakup/

Yager, J. (2002): *When Friendship Hurts*. How To Deal With Friend Who Betray, Abandon, Or Wound You. New York: Simon&Schuster